Self-Portra

ALSO BY HOMERO ARIDJIS

Eyes to See Otherwise: Selected Poems

Homero Aridjis

Self-Portrait in the Zone of Silence

translated from the Spanish by George McWhirter

A NEW DIRECTIONS PAPERBOOK ORIGINAL

"The Violence in Mexico Began with the Gods" and "We Are Children of Cruel Gods" are translated by Betty Ferber; "The First Dream" is translated by Homero Aridjis; "The Creation of the World by the Animals" is a version by Kathleen Jamie, based on a literal translation by Anne McLean; "Self-Portrait at Age Eighty" is translated by George McWhirter and Betty Ferber.

Manufactured in the United States of America
First published as a New Directions Paperbook (NDP1549) in 2023

Library of Congress Cataloging-in-Publication Date
Names: Aridjis, Homero, author. | McWhirter, George, translator. |
Aridjis, Homero. Autorretrato en la zona de silencio. |
Aridjis, Homero. Autorretrato en la zona de silencio. English.
Title: Self-portrait in the zone of silence / Homero Aridjis ;
translated from the Spanish by George McWhirter.
Description: First edition. | New York, NY : New Directions, 2023.
Identifiers: LCCN 2022037443 | ISBN 9780811231732 (paperback ; acid-free paper) | ISBN 9780811231749 (ebook)
Subjects: LCSH: Aridjis, Homero—Translations into English. | LCGFT: Poetry.
Classification: LCC PQ7297.A8365 A9513 2023 | DDC 861/.64—dc23/eng/20220815
LC record available at https://lccn.loc.gov/2022037443

10 9 8 7 6 5 4 3 2 1

New Directions Books are published for James Laughlin
by New Directions Publishing Corporation
80 Eighth Avenue, New York 10011

Table of Contents

Los poemas solares / Solar Poems

El jaguar / The Jaguar	2
Encuentro con mi padre en la huerta / Meeting with My Father in the Orchard	6
Encuentro con mi madre en la cocina vieja / Meeting with My Mother in the Old Kitchen	6
Perro espectral / The Ghost of a Dog	8
Como un perro / Like a Dog	10
Diario de Mina Harker / Mina Harker's Diary	10
El deseo de ser uno mismo / The Desire to Be Oneself	12
Por la puerta verde / Through the Green Door	14
El misterioso triángulo de las Bermudas / The Mysterious Bermuda Triangle	14
Desimaginemos el Leteo / Let Us Unimagine Lethe	16
Antibucólica / Antipastoral	16
Selva ardiendo / The Jungle Aflame	18
El dios / The God	18
La muerte chofer / Driver Death	20
La gata blanca de las madrugadas / The White Cat of Early Morning	22

Diario de sueños / The Diary of Dreams

Siempre sueño en un lugar que es otro lugar / I Always Dream of a Place that is Some Other Place	24
Luz de infancia / Light of My Childhood	26
No yo / Not Me	26
Soy un indocumentado de la eternidad / I Am an Undocumented in Eternity	28
Ajedrez, Córdoba, año mil / Chess, Cordoba, Year One Thousand	30
El proyector de sueños / The Dream Projector	32
Todo mis ayeres / All of My Yesterdays	34

Ultimo día del año en la iglesia helada /
    Last Day of the Year in the Icy Church   34
El dios perro / The God Dog   36
La violencia comenzó con los dioses
    The Violence in Mexico Began with the Gods   36
Mamá Coatlicue / Mama Coatlicue   38
La piedra de los sacrificios / The Sacrificial Stone   40
Somos hijos de dioses crueles /
    We Are Children of Cruel Gods   40
Cocina azteca / Aztec Cuisine   42
Mexicano / venado / Mexican / Deer   42
Epitafio para un tirano / Epitaph for a Tyrant   44
Perro callejero / Street Dog   46
Sol de ciegos / The Sun of the Blind   48
A los setenta / At Seventy   48
Sueño sin día / Dream with No Day to It   50
Mujer rural / The Country Woman   52
Perra abandonada en una isla / Dog Deserted on an Island   54
El cuerpo soñador / The Dreaming Body   56
Primer sueño / The First Dream   56

*Del cielo y sus maravillas, de la tierra y sus miserias /
Of the Heavens and Its Marvels, the Earth and Its Miseries*

Totalidad / The Totality   58
Ángeles en el metro / Angels in the Metro   60
Amo al sol / I Love the Sun   60
El árbol / The Tree   64
Levitaciones / Levitations   64
Oh, Buda / Oh, Buddha   72
El caracol   72
El ojo negro de la totalidad / The Black Eye of the Totality   74
Migraña / A Migraine   76
Un momento / One Moment   76
La Muerte Madrina / Godmother Death   78
Noticias de la tierra / News of the Earth   80

Artaud en la Sierra Tarahumara / Artaud in the Sierra Tarahumara   80
Rarámuris corriendo / Rarámuris Running   82
No todo / Not All   86
Autorretrato con manos / Self-Portrait with Hands   86
Jardín de espectros / Garden of Ghosts   88
El festín de Bert / Bert's Feast   92
Borges frente al espejo / Borges in Front of the Mirror   94
El poeta beatífico / Poet Beatific   94
Cauda / Coda   98
Swedenborg / Swedenborg   98
En tiempos de violencia / In Violent Times   100
Político en al estadio azteca, croar de ranas /
      A Politician in Azteca Stadium, Croaking of Frogs   102
El santo de los narcos / The Saint of the Narco Traffickers   102
El agente secreto / The Secret Agent   104
Epitafio de Lupe Vélez / Epitaph for Lupe Velez   106
Tres poemas goyescos / Three Goyaesque Poems   106
Con corrupción / With Corruption   110
La calle de las vidrieras / The Street of Showcase Windows   110
Ciudad sin sueño / City without Sleep   114
Pistola / Revolver   114
Sócrates el tomatero / Socrates the Tomato Grower   116
Desnudez / Nakedness   118
El gran Tlatoani / The Great Tlatoani   118
Magia / Magic   120
Un poema es como una puerta / A Poem Is Like a Door   122
Ruinas del lenguaje / The Ruins of Language   122
Odisea / Odyssey   122

La poesía llama / Poetry Calls

La infinita melancolía de Dios / The Infinite Sadness of God   124
Laberintos verticales / Vertical Maze   126
Trece años y medio / Thirteen and a Half   128
Insomnio / Insomnia   130
Unexplained Phenomena, 1   132

Migrantes de viaje / Migrants on the Way   132

La hormiga / The Ant   134

A Betty, un poema otoñal de amor /

      For Betty, An Autumnal Poem of Love   134

Mexico City Dreaming   136

La poesía llama / Poetry Calls   136

La solitaria del último tranvía /

      The Lone Woman on the Last Trolley   138

Carpe diem / Carpe Diem   138

El pulpo / The Octopus   140

Josefina, primer día / Josephine, Day One   140

Nocturna de la tortuga laúd /

      Nocturne of the Leatherback Turtle   140

El arpista ciego / The Blind Harper   142

Los signos del juicio final, según Gonzalo de Berceo /

      Signs of the Last Judgment, According to Gonzalo de Berceo   142

Poeta a la antigua / Poet of the Old School   146

Epitafio para un poeta adolescente /

      Epitaph for an Adolescent Poet   146

Mi hermano Juan, fantasma / The Ghost of My Brother Juan   148

Pirámide de la luna, instrucciones para el descenso /

      Pyramid of the Moon, Instructions for Coming Down   150

Autorretrato en la Zona del Silencio /
Self-Portrait in the Zone of Silence

Descreación / Discreation   152

La creación del mundo por los animales /

      The Creation of the World by the Animals   152

El ajedrecista en sueños / The Chess Player in Dreams   154

Autorretrato en la Zona del Silencio /

      Self-Portrait in the Zone of Silence   156

Mitológica / Mythological   160

Autorretrato a los ochenta años / Self-Portrait at Age Eighty   162

Self-Portrait in the Zone of Silence

EL JAGUAR

Tepeyollotli, el corazón del monte

1

Aquel que era la imagen de la lluvia
ya no hace caminos en la selva,
los discos de oro de sus ojos
ya no rutilan.

Bajo el sol de la mañana
no se le ve recorrer en un tronco
el Río de los Monos.
Su piel solar es un tapete.

El corazón del monte ya no lleva
manchas negras y blancas en su pecho,
ni de sus fauces ígneas sale la vírgula
de la palabra que nombraba las cosas.

Su grito mudo
retumba
en mi extinción.

2

Triste jaguar de las mitologías,
que al devorar al Sol se devoró a sí mismo,
que al convertirse en Tierra devoradora
devoró su sombra en el cielo nocturno.

Dios huérfano del Inframundo,
que al seguir los senderos del hombre

THE JAGUAR

Tepeyollotli, heart of the mountain

1

That one who was the image of rain
no longer leaves trails through the jungle,
the gold discs of his eyes
no longer blink brightly.

He isn't to be seen
in the morning sun floating on a log
down the Sacred Monkey River.
His solar pelt is a rug.

The heart of the mountain no longer wears
black-and-white markings on its chest
nor does the volute, cloud of speech that names things
scroll from his molten jaws.

His mute cry
booms out
my extinction.

2

Sad jaguar of the mythologies
who on devouring the sun devoured himself,
who on turning into the devouring Earth
devoured his own shadow in the night sky.

Orphan god of the Underworld
who, on following in the tracks of man,

fue engañado por sus máscaras
y cayó en sus trampas.

Pobre jaguar de los esplendores,
en su piel llevó la muerte.

3

Antes de la palabra
cuando en las entrañas de la noche
aún no había ave
ni árbol
ni pez
ni río
ni sol
en el cielo nocturno
maullaba
el jaguar.

4

El jaguar que se fue
viene en camino

el jaguar que volvió
todavía no llega

el jaguar de los dos
dentro de ti
desde fuera me mira.

5

Nuestros cuerpos
dos jaguares solares
enfrentados en la noche
acabarán desgarrados
en el alba total.

was tricked by his masks
and fell into his snares.

Poor jaguar of the resplendent,
in his skin he carried death.

3

Before words
when, in the bowels of the night,
there was neither fowl
nor tree
nor fish
nor river
nor sun
in the night sky,
the jaguar
meowed.

4

The jaguar that went away
is on its way,

the jaguar that came back
still hasn't come

the jaguar of we two
within you
watches me from outside

5

Our bodies
two solar jaguars
faced off in the night
will end clawed up
in the total dawn

ENCUENTRO CON MI PADRE EN LA HUERTA

Pasado el mediodía. Pasado el cine,
con sus altos muros pesarosos
a punto de venirse abajo, entro a la huerta.
Terminada la función, todos se han ido:
los peones, los perros y las puertas.
Delante de una higuera mi padre está parado.
Mi madre ha muerto. Los hijos han envejecido.
Él está solo, hilillos de aire
atraviesan sus ropas harapientas.
Por miedo a acercarme y asustarlo
con mi presencia viva, quiero pasar de largo.
Él pregunta al extraño, ahora con pelo blanco:
"¿Quién anda allí?"
"Padre, soy tu hijo."
"¿Sabe tu madre que has regresado? ¿Vas a quedarte a comer?"
"Padre, desde hace años tu esposa descansa
junto a ti en el cementerio del pueblo."
Entonces, como si adivinara todo,
él me llama por mi nombre de niño
y me da un higo.
Así nos encontramos los vivos y los muertos.
Luego, cada quien siguió su camino.

ENCUENTRO CON MI MADRE EN LA COCINA VIEJA

Después de tanto atravesar los sueños
y abrazar sombras de muertos propios y ajenos,
me encontré con mi madre en la cocina vieja.
Desde el día en que murió la había visto en sueños,
pero esta vez el sueño tenía urgencia
de convertirse en vida cotidiana.
Parada a la puerta, con su delantal raído,
ella me indicó el lugar donde estaba enterrado el tesoro,

MEETING WITH MY FATHER IN THE ORCHARD

Past noon. Past the cinema
with the tall sorrowful walls
on the point of coming down, I enter the orchard.
Show over, all of them have gone:
day laborers, dogs, and doors.
My father is standing in front of a fig tree.
My mother has died, the children, grown old.
He's alone, small threads of air
weave in and out of his tattered clothes.
For fear of getting too close and startling him
with my living presence, I want to go straight by,
the stranger now with white hair whom he asks,
"Who's that there?"
"Father it's me, your son."
"Does your mother know you're back? Will you stay and eat?"
"Father, for years now your wife has lain at rest
by your side in the town graveyard."
Then, as if he has divined everything,
he calls me by my childhood name
and gives me a fig.
So we met up, the living and the dead.
Then, each went on his way.

MEETING WITH MY MOTHER IN THE OLD KITCHEN

After so much crossing of dreams,
hugging the shadows of the dead, my own and others,
I came across my mother in the old kitchen.
From the day she died, I had seen her in dreams,
but this time the dream had an urgent need
to turn into everyday life.
Standing in the doorway, her frayed apron on,
she pointed to where the treasure she had searched

que tanto buscó en vida, sin encontrarlo.
Pero en el momento en que ella vino hacia mí
abriéndome los brazos, desperté perdido
en la oscuridad de mí mismo,
sin saber si ella era la persona real y yo el fantasma,
si ella la que estaba allí y yo el intruso.
Pues con la diferencia de unos cuantos minutos
ambos habíamos cruzado la frontera de un mundo
donde el sueño se parece a la vida
y la vida se parece al olvido.

PERRO ESPECTRAL

A Rufus

Lo vi venir corriendo por el aire
en respuesta a la voz que lo llamaba en vida.
Todo era luz en las praderas de la tarde.
Todo era ausencia en los cuerpos presentes en la calle.
Su pelambre amarillo estaba descolorido;
sus orejas negras, transparentes.
A mi lado ya no emitía los ruidos
con que celebraba mi retorno después de las separaciones,
ni corría de un lado a otro para festejarme.
Jadeó su afecto y me extendió la pata.
Yo atravesé su pecho con la mano,
yo acaricié su hocico inconsistente;
sus mandíbulas estaban desencajadas
y sus ojos abiertos ciegos.
No sé adónde se había ido desde aquella noche
en que lo dejé dormido a la puerta de mi cuarto
y al amanecer no lo encontré esperándome.
Venía de un lugar donde no hay comida
y para beber sólo hay luz oscura.
Como a una sombra nadie
lo había llamado por su nombre.
Rápidamente nos reconocimos.

so hard for in life without ever finding lay buried.
But the instant she approached, opening
out her arms to me, I woke up lost
in the darkness of my own self,
not knowing if she were the real person and I the ghost,
if she were the one truly there, and I the intruder.
For in the span of a few moments
both of us had crossed the borders of a world
where dream resembles life
and life a forgetting.

THE GHOST OF A DOG

For Rufus

I saw him come running in the air
to the voice that called him in life.
Everything was light in the meadow of the afternoon.
Everything in the bodies present on the street, an absence.
His thick yellow fur was colorless;
his black ears, two transparencies.
At my side he emitted none of his sounds
to hail my return after our times apart,
nor did he dash from one side to the other to fête me.
He panted his affection and offered me a paw.
I passed a hand through his chest,
stroked his filmy muzzle;
his jaws were un-joined
and open eyes blind.
I don't know where he went that night
after I left him asleep at my bedroom door
and found him not waiting for me in the morning.
From a place where there is no food
and only dull light to drink he came
like a shadow, no one had called him
by his name.
Quickly, we recognized one another.

Le puse la correa roja en el cuello
y con la pata impalpable abrió la puerta.
Era hora de su paseo y salimos a la calle.
Pero en la esquina, nos desvanecimos.

COMO UN PERRO

Como un perro
siempre a los pies de alguien

como un perro
caminaré contigo bajo el sol y el viento

cuando estés vieja ciega y fea
hurgaré en los basureros de la vida por ti

estaré echado a tus pies
como una sombra

como un perro

DIARIO DE MINA HARKER

(Bram Stoker, *Drácula*)

Hemos viajado todo el día hacia el Oriente
por caminos acústicos y barcas de madera vieja.
Nuestros oídos registraron sombras.
Nuestros ojos escucharon zumbidos.
Los caballos desbocados sólo se detuvieron
delante de los muros de piedra de la noche
y las aguas amargas del foso del castillo.
Íbamos a la búsqueda del sepulcro del No Muerto,
del Empalador, del Vampiro, del Rey de los Mosquitos,
que a tantos ha convertido en su naturaleza.

I put his red lead on his neck
and with an impalpable paw he pushed open the door.
It was time for his walk and out we went into the street.
But vanished at the corner together.

LIKE A DOG

Like a dog
always at someone's feet

like a dog
I'll walk with you through sun and wind

when you are old, blind, and ugly
I will nose through the garbage bins of life for you

I will be stretched at your feet
like a shadow

like a dog

MINA HARKER'S DIARY

(Bram Stoker, *Dracula*)

We have traveled east all day long
on acoustical roads and boats of old wood.
Our ears registered the shadows.
Our eyes harkened to the whirrings.
The runaway horses stopped
only in the face of night's stone walls
and bitter waters of the castle moat.
We went searching for the crypt of the Undead,
the Impaler, the Vampire, the Mosquito King
who has converted so many into his own kind.

El Sol se metía en el horizonte rojo.
El Sol se hundía en nuestra tumba cotidiana.
El monstruo no estaba en su cuerpo,
estaba adentro de nosotros chupándonos la vida.
El Conde yacía en su caja sobre el piso,
entre clavos, astillas y pedazos de hostia:
pálido, ceroso, nos miró con ojos sanguinolentos.
El cuchillo de Jonathan le rebanó el pescuezo.
La ira plateada de Morris le atravesó el corazón.
Muerto el Vampiro, brotaron los insectos
del agua estancada y de la madera que chirría.
Rompiendo los círculos sagrados y las puertas purificadas,
partieron hacia el mundo para fastidiar al prójimo
cuando está soñando o cuando está más cansado.
Miren, miren, del cadáver de Drácula salieron los mosquitos.

EL DESEO DE SER UNO MISMO

(Desde Kafka)

Si uno pudiera ser un jinete cabalgando
a pelo sobre un caballo transparente
a través de vientos y de lluvias
constantemente sacudido
por la velocidad de la cabalgadura
si uno pudiera cabalgar intensamente
hasta arrojar lejos de sí las ropas
porque no hacen falta las ropas
hasta deshacerse de las riendas
porque no hacen falta las riendas
hasta arrojar lejos de sí la sombra
porque no hace falta la sombra
y así viera que el campo no es campo
sino puñado de aire
si uno pudiera arrojar lejos de sí el caballo
y cabalgar solo sobre sí mismo

The Sun set on the red horizon.
The Sun sank into our daily tomb.
The monster was not in his body,
he was in us, supping on our lives.
This Count lay in his box on the floor,
between splinters, nails, and pieces of holy wafer:
waxen, pale, watching us with bloodshot eyes.
Jonathan's knife sliced into his throat.
Morris' silver wrath passed through his heart.
The Vampire dead, insects erupted
from the stagnant water and the creaking wood.
Breaking through the sacred circles and consecrated doors,
they lit out into the world to pester the neighbor
at his tiredest or slipping off into a dream.
See, see, the mosquitoes came forth from Dracula's corpse.

THE DESIRE TO BE ONESELF

(After Kafka)

If you could be a horseman riding
bareback through the winds and rains
on a transparent horse
constantly buffeted
by the velocity of your mount
if you could ride hard
until your clothes were cast off far behind you
because there is no need of clothes
until reins were done with
because there is no need of reins
until your shadow was cast far behind you
because there's no need of a shadow
and then you might see countryside not as countryside
but a fistful of air
if only you could cast the horse far behind you
and ride on, on yourself

POR LA PUERTA VERDE

A Eva Sofía

Soy un indocumentado de la eternidad.
Sin papeles he cruzado las fronteras del tiempo.
Detenido por los agentes migratorios
del nacimiento y de la muerte, he saltado
en el tablero de ajedrez de los días.
Aduaneros sagaces en busca de recuerdos de valor
han hurgado en mis valijas de sombras.
Nada que declarar. Nada que lamentar.
He pasado por la puerta verde.

EL MISTERIOSO TRIÁNGULO DE LAS BERMUDAS

El mar de los silencios solares
se ha tragado bajeles de palabras.

El mar de los olvidos estelares
se ha tragado miríadas de imágenes terrestres.

El mar de los navíos celestes
se ha tragado océanos de paisajes.

El mar de los tiempos incalculables
se ha tragado pasiones desatadas.

El mar de las fuerzas irresistibles,
el mar inexplicable, siempre explicado,

sin remordimientos, sin vestigios,
se ha tragado a sí mismo cada noche.

Solamente tú, criatura del instante, eres inmune
a los remolinos magnéticos y las desapariciones.

THROUGH THE GREEN DOOR

For Eva Sophia

I am one of eternity's illegal aliens.
I have crossed time's borders without proper papers.
Detained by the immigration officers
of life and death, I have jumped
across the chessboard of days.
Shrewd customs officials in search of valuable
mementos have rummaged through my suitcase of shadows.
Nothing to declare. Nothing to regret.
I have made it through the green door.

THE MYSTERIOUS BERMUDA TRIANGLE

The sea of solar silences
has swallowed up shiploads of words.

The sea of stellar forgettings
has swallowed myriad earthly images.

The sea of celestial vessels
has swallowed oceans of landscapes.

The sea of times without number
has swallowed the unbridled passions up.

The sea of irresistible forces,
the forever explained, inexplicable sea,

has swallowed itself up each night
without a trace or any remorse.

Only you, creature of the moment, are immune
to those magnetic whirls and disappearances.

DESIMAGINEMOS EL LETEO

Desimaginemos al Leteo,
detengamos las aguas de ese río
que vienen cargadas de recuerdos.

Pensamos que después de muertos
el alma nada contracorriente
y se sumerge en la memoria omnipresente.

Supongamos que nada se desprende de nosotros
y las imágenes pasadas nos sorprenden
en los lugares de nuestra (in)existencia.

Imaginemos al amante bebiéndose a la amada
y en el tono más natural decirle:
"En el Leteo te veo".

Pensemos que los dioses de la muerte,
vestidos de voces y recuerdos, dicen:
"Esto fue aquí". "Esto fue allá".

Supongamos que no hay olvido
y durante la eternidad los ojos van mirándose
en los espejos negros del instante.

ANTIBUCÓLICA

Un zopilote con un pedazo de carne roja en el pico
parecía estarse comiendo su propio pecho.

Los senos de ella se desparramaban
sobre su vientre como dos serpientes.

Un perro amarillo lamía las sombras de las piedras,
el perro sin dueño del amor hambriento.

LET US UNIMAGINE LETHE

Let us unimagine Lethe,
hold back the waters of that river
which come laden with memories.

Let's think that after death
the soul swims against the current
and submerges in omnipresent memory.

Let us suppose nothing falls away from us
and images from the past surprise us
in the sites of our (non)existence.

Let us imagine the lover drinking in the one he loves
and in the most natural of tones telling her:
"I see thee in the Lethe."

Let us think of the gods of death
dressed in voices and memories, they say:
"This was here." "This was there."

Let us suppose there is no forgetting
and for eternity the eyes go on seeing themselves
in the black mirrors of the instant.

ANTIPASTORAL

The vulture with a piece of red meat in its beak
appeared to be gobbling its own chest.

Her breasts spilled down
over her belly like two snakes.

A yellow dog—hungering love's
ownerless dog—licked the shadows of the stones.

En el llano silbaba una máquina invisible.
Pasaba el ángel de los misterios cotidianos,

viajando misterioso y sin maletas
en el tren del mediodía.

SELVA ARDIENDO

Los cielos amarillos parecen Turners tropicales.
Las palmeras danzantes son besadas por lenguas voraces.
Los monos aulladores saltan de copa en copa.
A través de las humaredas, bandadas de loros,
con las colas quemadas, van buscando al sol,
que los mira oculto, como un ojo podrido.

EL DIOS

Desde lo alto de la pirámide
miró la música pétrea de los templos.

Las nubes cubrieron de sombras
la selva sucesiva.

Sucedió la tormenta.
Cayeron rayos.

Los turistas corrieron.
Parlotearon loros.

Parado en la pirámide,
el hombre cadavérico,

empapado de verdes,
por un momento fue dios.

En Cobá.

On the plain an invisible engine whistled,
the angel of everyday mysteries going by,

traveling mysteriously and with no luggage
on the midday train.

THE JUNGLE AFLAME

The saffron skies resemble tropical Turners.
The dancing palms are kissed by voracious tongues.
The howler monkeys leap from crest to crest.
Through the billows of smoke, companies of parrots
with singed tails go searching for the sun
that watches them covertly, like a putrid eye.

THE GOD

From the height of the pyramid
he followed the stone music of the temples.

Cloud covered the continuous jungle
in shadow.

The storm broke.
Bolts of lightning fell.

The tourists ran.
Parrots chattered.

Standing on the pyramid
drenched in greens

the cadaverous man
was, for a moment, god.

At Cobá.

LA MUERTE CHOFER

Anochece en la Ciudad del Automóvil.
En el coche de acabados negros
sentada al volante está ella, la malquerida.
Ella, la que me buscaba en los bares
de la madrugada, ella, la alacrana,
que en los camastros se dejaba
las gafas de sol y los zapatos puestos.
Siempre lista para partir.
Lleva las manos enguantadas de blanco
y una cobija sobre las piernas flacas.
Tiene frío.
Desde sus órbitas negras nos mira desde adentro
como si tú, yo, la puerta, la lluvia, todo, todos,
nos halláramos en ninguna parte.
Sobre el asiento
cae la arena.
Mientras la puerta giratoria de un hotel de lujo
avienta a la calle a una cantante de moda,
cuya fama está escrita en un rollo de papel higiénico.
La alumbran los reflectores del momento.
La lluvia,
la admiradora más escurridiza del mundo,
la envuelve.
Entra al coche.
"Ah, ¿dónde está el chofer?", pregunta ella.
"Aquí estoy", alguien responde.
La muerte arranca.

DRIVER DEATH

It grows night in Auto Town.
In the car with black trim,
perched at the steering wheel she, the uncherished.
She, who hunted me up in the small hours
of the morning bars, the she-scorpion,
who kept her sunglasses and shoes on
in the makeshift beds. Always ready
to hit the road. She has her hands gloved
in white and a rug over her scrawny legs.
She feels cold.
Stares out at us from inside her black sockets
as if the door, the rain, all, everyone, you, I
weren't even there.
Sand sifts down
over the seat.
While the revolving door of a luxury hotel
slings out a singer who's the in thing,
whose fame is writ on a roll of toilet paper.
The spotlights of the moment light her up.
The rain,
the slipperiest admirer
on earth, swirls around her.
She gets in the car.
"Like ah, where's the driver?" she asks
Someone answers, "Here I am." Death
puts the pedal to the metal.

LA GATA BLANCA DE LAS MADRUGADAS

A Chloe, a Eva y a una gata llamada Benita

Sola en la soledad de la sala,
la gata blanca de las madrugadas
me buscaba entre los muebles
enfundados en telas verdes.
Sus ojos acostumbrados a medir
las formas inmensurables de la noche,
exploraban los rincones de la casa
como si hubiese allí nadie, nada.

"¿Adónde se habrá ido aquel que conocía mi nombre?
¿Adónde estará aquel que dormía a mi lado?
¿Quién me abrirá las puertas cerradas de la madrugada,
para dormir en cama el sueño frío nuestro de cada mañana?",
parecía decirse ella parada en lo alto de la escalera,
recordándome siempre, con su cara que cabía en una mano,
que Dios creó al gato para que el hombre
tuviera el placer de acariciar al tigre.

Nadie ya le da a beber el agua de las sombras.
Ninguna mano la levanta en el largo día desocupado.
Abandonada un anochecer a nuestra puerta
en una caja de zapatos, una niña la recogió.
Desde entonces, mirándonos con ojos insondables,
desobedientes, desdeñosas, y hasta ingratos,
teniéndola cerca permaneció distante,
creyéndola nuestra, nunca la conocimos.

THE WHITE CAT OF EARLY MORNING

For Chloe, Eva, and a cat called Benita

Alone in the solitude of the living room
the white cat of the first light
sought me out among the pieces of furniture
slip-covered in green cloth.
Her eyes, used to sizing up the immensurable
shapes of the night, explored
the corners in the house as if no one,
nothing, were there.

"Where has that one, who knew my name, gone?
Where has that one, who slept beside me, got to?
Who will open the closed door of the early-mornings for me,
to let me sleep our cold every-morning sleep in bed?"
she appeared to say to herself standing at the top of the stair,
reminding me, always, with her face that would fit into a hand,
that God created a cat so man might have
the pleasure of stroking the tiger.

No longer does anyone give her the water of shadows to drink.
No hand lifts her in the long nothing-to-do day.
Left abandoned, one nightfall, in a shoebox
on our doorstep, a little girl took her in.
Since then, looking at us with unfathomable,
disobedient, disdainful, almost ungrateful eyes,
held close, she held herself distant;
believing her ours, we never did know her.

SIEMPRE SUEÑO EN UN LUGAR QUE ES OTRO LUGAR

Siempre sueño en un lugar que es otro lugar,
en un Contepec que no es Contepec,
en un pueblo que no está en los mapas.

La gente que anda por sus calles ya no existe,
llega a sus plazas en trenes de otra época,
cae en sus campos desde otros sueños.

Contepec es más grande que París y Nueva York,
esas ciudades tienen límites y Contepec
es tan pequeño que comienza y termina en el cielo.

El Popocatépetl es una montaña grande,
pero el cerro Altamirano es más alto,
en sus cimas cantan las cuatrocientas voces del azul.

Contepec no tiene mares, tiene un cementerio
de donde parten las almas de los difuntos
en forma de mariposas hacia el vago Norte.

La gente dice que desde la Central de la Memoria
uno puede llegar a pie, a caballo o en coche
a la Terminal del Ego, pero se llega a Ninguna Parte.

Temprano salieron los cronistas con papeles viejos
tratando de rescatarnos del olvido, pero rescataron nada,
la historia está llena de mentiras y sueños cruzados.

I ALWAYS DREAM OF A PLACE THAT IS SOME OTHER PLACE

I always dream of a place that is some other place
of a Contepec that isn't Contepec
of a town that isn't on the maps.

The people who walk its streets no longer exist,
they reach its squares on trains from another age,
fall into its fields out of other dreams.

Contepec is bigger than Paris and New York,
those cities have limits while Contepec,
so tiny, begins and ends in the sky.

Popocatepetl is a tall mountain,
but Altamirano hill is higher
the four hundred voices of blue sing on its summits.

Contepec has no seas, it has a cemetery
from whence the souls of the dead depart
in the form of butterflies toward the uncertain North.

People say that setting out from Memory Central
you can arrive on foot, horseback or by car
at the Ego's Terminus but arrive Nowhere.

Early on, the chroniclers came out with old papers,
trying to rescue us from oblivion, but rescued nothing;
history is full of lies and crossed dreams.

Aquel niño flaco, cinéfilo empedernido, decía,
"En ningún cielo he visto una luz como la del cine Apolo
cuando el proyeccionista era yo y la que miraba eres tú.

¿Acaso en algún lado existe un espectáculo como
el de los jaguares de oro que cuando saltan sobre las cimas
de lo oscuro parece que saltan de un sol en agonía?"

Desde su butaca en sombras, el niño se preguntaba:
"¿Qué es ese yo? ¿Qué es ese tú? ¿Qué es ese nosotros?
¿No ves que bajo tierra todos los egos se confunden?"

Así fue que el hombre que soñaba en un Contepec
que no era Contepec al hallarse lejos de sí mismo
vivía el sueño de un yo que ya no era yo.

LUZ DE INFANCIA

Yo te veía bajar por las paredes
Yo te veía sangrar bajo mi puerta
Yo te veía buscarme desde dentro
Yo te veía pintar azules las montañas
Yo te seguía en los dedos líquidos del agua
Yo te envolvía en tu cuerpo transparente
Yo te abrazaba luz infinita luz inteligente
Simiente lúdica que me hiciste visible

NO YO

No yo besaré tu boca.
No yo miraré tus ojos.
El extraño que soy dentro de mí apenas se detendrá
a tu lado, después de haberte perdido muchas veces
en los laberintos carnales de otros cuerpos.

That skinny, incorrigible, movie-mad boy said,
"In no sky have I seen a light like the Cine Apollo's
when I was projectionist and the one watching was you.

By chance does a spectacle exist anywhere like when
the jaguars of gold, leaping onto the peaks of darkness,
appear to leap from the death throes of the sun?"

From his seat in the shadows the boy asked himself,
"What is that I? What is that you? What is this us?
Don't you see all the egos get jumbled up underground?"

So it was that the man, who was dreaming of a Contepec
that was not Contepec, on finding himself far from himself
lived the dream of an I who was no longer me.

LIGHT OF MY CHILDHOOD

I saw you coming down the walls
I saw you bleed under the door
I saw you searching inside for me
I saw you paint the mountains blue
I followed you on the liquid fingers of water
I swaddled you in your transparent body
I embraced you, infinite light intelligent light
Playful seedling you made me visible

NOT ME

Kiss your lips? Not me.
Gaze into your eyes? Not me.
The strange me I am inside will hardly stay
by your side, after having lost you so many times
in the carnal labyrinths of other bodies.

Siete millones de murciélagos chocarán contra la luz
sólo por tener la gracia de verte en el tramonte.
Mas cuando el amor acabe
nadie guardará memoria de esa gracia,
ni de los murciélagos ni del tramonte.
Nuestros cuerpos, huérfanos de dioses,
como rayos atravesando lluvias,
también se habrán desvanecido.
Entonces, puedes estar segura, nadie,
ni siquiera el amante que formamos juntos,
saldrá a buscarnos en la ciudad promiscua.
Nadie lamentará nada,
ni las nadas que fuimos.
Nadie.
No yo.

SOY UN INDOCUMENTADO DE LA ETERNIDAD

Soy un indocumentado de la eternidad,
un ilegal que cruza las fronteras del sueño.

El pasaporte de la existencia ha caducado
y sin papeles mis huesos valen nada.

Viajo de noche hacinado en un camión sin luces
y duermo en las trastiendas de la ley.

El sueño americano se ha convertido
en el infierno del exilio de mí mismo;

en las esquinas acecha la migra con sus redes
para atraparme como a un extraterrestre.

"Ha salido de las sombras," me señalan,
cuando emerjo de los retretes del trabajo.

Seven million bats will crash against the light
simply for the godsend of seeing you in the gloaming.
But when love ends
no one will hold onto the memory of that godsend,
or of the bats, or the sunset.
Orphaned by the gods, our bodies,
like rays of sunlight through rain,
will disappear too.
Then, you can be sure, nobody,
not even the lover we formed together,
will set out to search for us in the promiscuous city.
Nobody will mourn anything,
not the nothings we were.
Nobody.
Not me.

I AM AN UNDOCUMENTED IN ETERNITY

I am one of the undocumented in eternity,
an illegal crossing over the borders of the dream.

My passport for existence has expired
and without papers my bones are worthless.

Piled into a truck with no headlights on I travel by night
and I sleep in the back rooms of the law.

The American dream has turned
into a hell of an exile from myself;

to trap me like some extraterrestrial
the migra lies in wait around the corner with its nets.

When I emerge from the toilets at work, they point at me,
"He's come out of the shadows."

No importa. Como un mojado celebro
el paso del viento en los altares del desierto

y contemplo el infinito en el lugar
donde estaban las torres gemelas.

NUEVA YORK, LUNES 1 DE MAYO DE 2006,
durante la protesta multitudinaria de Un día sin inmigrantes.

AJEDREZ, CÓRDOBA, AÑO MIL

Es la última noche del mundo.
Al pie de los muros de Córdoba
un monje cristiano y un guerrero moro
juegan una partida de ajedrez.

Un caballero negro galopa
los caminos helados de la tierra.
Un visionario salido de una cueva
ha abierto los siete sellos.

Las siete trompetas han sonado.
Las siete lámparas se han prendido.
Los difuntos emergen de sus tumbas.
Una reina negra absorbe la luz del mundo.

Parado sobre una torre blanca
el ángel vengador levanta la espada.
Qué estampida de peones pasmados.
Qué caída de alfiles aislados.

Los jugadores apuestan la vida.
Pasa la noche.
Sale Sol negro.
Nadie gana nada.

Doesn't matter. As a wetback I celebrate
the wind blowing over the altars of the desert

and meditate on the infinite in the place
where the Twin Towers once stood.

NEW YORK, MONDAY, MAY 1, 2006,
during the massive A Day Without Immigrants protest.

CHESS, CORDOBA, YEAR ONE THOUSAND

It's the last night of the world.
At the foot of Cordoba's walls,
a Christian monk and warrior Moor
are playing a game of chess.

A black knight gallops over
the earth's frozen roads.
A seer come out of a cave
has opened the seven seals.

The seven trumpets have sounded,
the seven lamps been lit.
The dead rise up from their graves.
A black queen is absorbing the light of the world.

Standing on a white rook
the avenging angel raises the sword.
What a stampede of startled pawns.
What a toppling of stranded bishops.

The players wager their life.
Night passes.
The black Sun comes up.
Nobody wins a thing.

EL PROYECTOR DE SUEÑOS

A Chloe

Cuando la sala estaba llena de un público de egos
de rostro ávido y manos transparentes,
ella prendía su proyector de sueños.
Lanzaba al aire ranas todo corazón,
perros espectrales, niños en columpios
y un fantasma parecido a Nerval.
Hasta que un día llegó a su puerta
un hombre extraño, un doble de sí misma.
Venía a decirle que había inventado
una máquina de matar sueños
más poderosa que su proyector de sueños.
Su irrupción la enojó tanto que lo echó a la calle,
asegurándole que su proyector de sueños
era mejor que su máquina de matar sueños.
"Es igual", le gritó el simulacro,
como si la voz saliera de sus adentros.
"Una máquina de matar sueños
es el revés de un proyector de sueños,
es como un despertar en el vacío.
Trata de continuar la función
y verás que somos hijos de un soñador
que no está en ninguna parte.
Las imágenes de tu infancia se atascarán,
las niñas de tus ojos se quemarán,
tus dobles irán por el mundo con el rostro borrado."
Entonces, cuando al abismo de sí mismo
el doble cayó, ella, cerrando los ojos,
se puso a ver todas las montañas,
todos los ríos, todas las nubes,
todos los animales, todos los seres
que salían del proyector de sueños
más antiguo y fantástico del mundo: la cabeza.

THE DREAM PROJECTOR

For Chloe

When the theater was full of an audience of egos
with eager faces and hands you could see through,
she turned on the dream projector.
It beamed frogs palpitating like hearts into the air,
children on swings, ghost dogs,
and a phantom who resembled Nerval.
Until one day there arrived at her door
a strange man, the double of herself.
He came to tell her he'd invented
a machine for killing dreams
more powerful than her dream projector.
His turning up angered her so she threw him into the street,
assuring him that her dream projector
was better than his dream killer.
The simulacrum screamed at her,
"It's the same," as if his voice
were coming up from his bowels,
"a machine for killing dreams
is the opposite of a dream projector,
it's like a waking-up in the void.
Try to keep your show going
and you'll see, we're children of a dreamer,
who's nowhere to be found. The reels of images
from your childhood will jam,
the pupils of your eyes will catch fire,
your doubles will wander the world with rubbed-out faces."
Then, when her double fell into the abysm
of himself—she, closing her eyes, set about
looking at all the mountains, all the rivers,
all the clouds, all the animals, all the beings
that came out of the most ancient and fantastic
dream projector in the world: her head.

TODOS MIS AYERES

Todos mis ayeres
caben en una mano

todas mis ganancias
las llevo en una bolsa agujerada

cuando me voy de un lado
gano un lugar y pierdo otro

presencia y ausencia
son lo mismo

todos mis ayeres
caben en una mano
                    vacía

ULTIMO DÍA DEL AÑO EN LA IGLESIA HELADA

Es la última noche del año,
mi padre y yo vamos a la iglesia helada
a dar gracias a Dios por habernos dado vida y nada.

Él y yo nos quedamos parados a la entrada
delante de la estatua de la virgen desolada.
El mundo acaba.

Los rebozos de las mujeres huelen a tela mojada.
Unas cuantas luces están prendidas.
El resto en la penumbra nada.

Nadie celebra nada.
Sólo la melancolía recorre
la nave de la iglesia helada.

ALL OF MY YESTERDAYS

All of my yesterdays
fit in one hand

all my wins
I carry in a bag with holes in it

when I move I win
one place and lose another

presence and absence
are the same

all of my yesterdays
fit in one empty
                    hand

LAST DAY OF THE YEAR IN THE ICY CHURCH

It is the last night of the year,
my father and I go to the icy church
to give thanks to God for having given us life and nothing.

Before the statue of the desolate Virgin,
he and I stay standing at the entrance.
The world is coming to an end.

The women's rebozos smell of wet cloth.
A few lights are lit.
All else swims in the penumbra

No one celebrates anything.
Only sadness moves
along the nave of the icy church.

EL DIOS PERRO

A mi lado pasa el dios perro
con los rasgos de perro
con que los perros lo han dotado.

Día y noche recorre el mundo
con su lengua colgado del hocico
en jadeo constante.

Con ojos que miran en luz baja
y brillan en la oscuridad
descubre mis movimientos.

Pero se va enseguida,
al detectar en la esquina
a la diosa perra,

Que lo está esperando
con ojos encendidos
y tetillas ardientes.

Y juntos perro y perra,
como dioses efímeros
se pierden en la noche.

LA VIOLENCIA COMENZÓ CON LOS DIOSES

La violencia en México comenzó con los dioses.
Antes de que hubiera ciudades y templos
ya había desmembrados, desollados y decapitados
en los ritos del alba. El Painal,
sicario de nuestro señor Huitzilopochtli,
ya descendía de los cerros
con un corazón humeante en las manos.

THE GOD DOG

The god dog passes me by
with the markings of a dog
that dogs have endowed it with.

Day and night it roams the world
tongue hanging from its mouth
panting constantly.

With eyes that see in low light
and shine in the dark
it makes out my movements.

But takes off the instant
it scents the god bitch
on the corner

Waiting for it
with eyes inflamed
and teats burning hot.

And dog and bitch together
they are lost in the night
like gods passing on.

THE VIOLENCE IN MEXICO BEGAN WITH THE GODS

The violence in Mexico began with the gods.
Before there were cities and temples
there were quarterings, flayings, and beheadings
in the rites at dawn. The Painal,
executioner for our lord Huitzilopochtli,
was already descending from the hills,
a smoking heart cupped in his hands.

MAMÁ COATLICUE

Esta esfinge de los cerros mexicanos
es la madre de todas las frustraciones,
parió al hombre sólo para sacarle el corazón
y colgarlo en su collar de manos ensartadas.
Creó la insatisfacción con el fin de fastidiar
al pobre solitario, que vive de ilusiones y de nada.
Ella es la que mata por la espalda al amigo
y hace caer a la chica que huye de la violación.
Camuflada con la oscuridad apunta con dedo
descarnado al hombre que debe morir.
Ella es la que afila los cuchillos del carnicero
y maneja las pistolas y metralletas
de criminales, soldados y policías.
Ella es la Gran Burladora
de ricos y pobres, bellos y feos,
viejos y niños, inocentes y truhanes,
y es la más grande paridora de muerte
que el mundo haya conocido.
Todo hombre puede toparse con ella
en cualquier momento de su vida,
en los colchones de la cópula,
en las escaleras oscuras,
en los mercados, las calles y las plazas.
Al comienzo o al final del día
es ella la que nos estará esperando
con su cuerpo descabezado de alacrana madre
para clavarnos su uña de amor envenenado.

MAMA COATLICUE

This sphinx of the Mexican hills
is the mother of all frustrations,
she gave birth to man simply to tear out his heart
and hang it on her necklace strung with hands.
She created dissatisfaction to pester the poor
recluse, who lives off nothing and illusions.
It's she who stabs a friend in the back and brings
down the girl who runs away from being raped.
Camouflaged by darkness, with a bony finger
she points out the man who must die.
It's her who sharpens the butchers' knives
and handles the machine guns and pistols
of soldiers, criminals, and police.
She's the Great Mocker
of rich and poor, lovelies and uglies,
old folks and kids, crooks and the innocent,
and is the greatest birther of death
the world has ever known.
Anyone can run into her
at any moment of their lives:
copulating on a mattress
or on the dark stairs,
in the markets, streets, or squares.
At the beginning or end of the day
it's her who'll be waiting
with her headless body of mother scorpion
to nail us with her sting of poison love.

LA PIEDRA DE LOS SACRIFICIOS

*Cantando el esclavo con una voz tan alta que parecía que
rompía el pecho.*
—Fray Bernardino de Sahagún,
Historia general de las cosas de la Nueva España

Todas esas ceremonias al romper el alba, ¿para qué?
Todos esos altares enramados, ¿a quién honran?
Todos esos caracoles y flautas tañendo, ¿a qué se deben?
Y ese sacerdote con el rostro pintarrajeado, ¿a qué viene?
Esos que danzan en torno mío, yo no los conozco,
Ese que yace en la piedra de los sacrificios, no soy yo.
Mi tierra se halla al otro lado de ese cerro,
Mi dios es otro dios.
Mi cabeza da vueltas al ritmo del tam-tam de los tambores
Y de los rayos del sol que en las paredes repercuten.
Con los cabellos cortados en la coronilla
y las piernas pintadas con rayas rojas y blancas,
borracho de pulque azul, ebrio de terror,
pronto perderé el corazón,
pronto seré el dios que me mata.

SOMOS HIJOS DE DIOSES CRUELES

Somos hijos de dioses crueles.
De nada sirve ver sus pirámides derruidas.
Aún no se desvanece la sangre en sus altares.
Aún sus manos asfixian nuestros sueños.

Su imagen está grabada en la piedra.
Sus espectros andan en nuestras ciudades
vestidos de sicarios. Al fondo de la pesadilla,
nos aguardan con sus puñales negros.

Aunque se vayan de esta tierra a otra tierra,
volveremos a procrearlos, ellos volverán a emerger
de nuestro adentro, atroces, despiadados,
llevando nuestro rostro. Somos padres de dioses crueles.

THE SACRIFICIAL STONE

In a voice so loud the slave singing appeared about to burst
open his chest.
> —Fray Bernardino de Sahagún,
> *General History of the Things of New Spain*

All those rituals at the break of day, what for?
All those branch-bedecked altars, to honor who? All those conches
    and flutes sounding—on account of what?
And that priest with the paint-spattered face, what's he here for?
Those dancing all around me, I don't know them.
That one, laid out there on the sacrificial stone, is not me.
My homeland lies on the far side of that hill.
My god is a different god.
My head spins to the beating boom-boom on the drums
and the rays of sunlight that beam back off the walls.
With hair shaved off the crown of my head
and legs painted with red and white stripes,
drunk on blue pulque, inebriated with terror,
soon I shall forfeit my heart
soon I will be the god who slaughters me.

WE ARE CHILDREN OF CRUEL GODS

We are children of cruel gods.
No point looking at their ruined pyramids.
The blood still hasn't washed from their altars.
Their hands still strangle our dreams.

Their likeness is graven on those stones.
Their ghosts stalk our cities
dressed as hit men. Deep in the nightmare
they lie in wait for us with black daggers.

Should they leave this earth for elsewhere
we shall beget them again, again they will issue
from within us, bearing our features,
appalling, merciless. We are parents of cruel gods.

COCINA AZTECA

Soñé que tres mujeres vestidas
con camisas y enaguas de colores
me servían en platos de barro negro
un banquete en el Mictlán:

Sopa de hongos alucinantes,
perrillos engordados como puercos,
codornices descabezadas
y enchiladas con sangre humana.

Aguacates como testículos comí,
hormigas que crujían entre mis dientes,
y un camino de granos de cacao
que debía comer andando.

Ya noche me ofrecieron a la joven del maíz,
a la que yo debía quitarle la cobija verde,
y desnuda devorar su mazorca
de granos tiernos y cabellos sueltos.

Al alba, con música de caracoles y tambores,
me trajeron un último platillo,
mi propio corazón.

MEXICANO / VENADO

mexicano / venado en el calendario mexicano
fue el séptimo glifo de los días
se le representaba huyendo
caminando con un fardo en la espalda
detenido en su carrera por un venablo
o con la cabeza en el hocico de un felino
o caído en una trampa o como a un animal celeste
tendido sobre un tablero con signos astronómicos
o sacrificado a los dioses sobre una piedra

AZTEC CUISINE

I dreamt that in Mictlan three
women, clad in colored shifts
and petticoats, served me up
a feast on plates of black clay.

A soup of hallucinogenic mushrooms,
puppies fattened up like pigs,
headless guinea hens and enchiladas
sauced with human blood.

Avocados like testicles I ate,
ants that crunched between my teeth
and a trail of cocoa beans
that I had to eat on the run.

Already night, they offered me the corn maiden
whose green husks I had to strip off
and devour her bared cob
of stray strands and tender kernels.

At dawn, to the music of conch and drum
they brought me the ultimate dish.
My own heart.

MEXICAN / DEER

Mexican
a deer in the Aztec calendar
was the seventh glyph of the day signs
he was depicted fleeing
carrying a bundle on his back
stopped in mid-flight by a dart
or with his head in a feline's jaws
or fallen into a trap or as a celestial animal
splayed across a board covered with astronomical symbols
or sacrificed on a stone to the gods

ahora se le representa saltando muros fronterizos
perseguido en el desierto por perros y agentes migratorios
ilegal trabajando en cárceles cocinas y bodegas
arrestado deportado fotografiado en ataúdes de cartón
o en su país de origen se le encuentra día y noche
en calles plazas terminales de autobuses vagones del metro
vendiendo baratijas y copias baratas de sus dioses
o se le halla en basureros cofres de automóvil
ejecutado encobijado descorazonado
sacrificado por políticos policías y maleantes

hoy como ayer
se le representa huyendo
perseguido
cazado
explotado
matado
mexicano / venado

EPITAFIO PARA UN TIRANO

> *He knew human folly like the back of his hand.*
> —W. H. Auden

1

Poder, su capacidad para controlar la vida ajena
no le sirvió para controlarse a sí mismo.
Dinero, su codicia sin límites
se midió por millones de pobres.
En su religión existió un dios único, él mismo.
Justicia, la aplicó a sus enemigos.
Cuando reía, sus amigos hacían buenos negocios.
Cuando lloraba, los niños pequeños se morían en las calles.

nowadays he is depicted jumping over border walls
pursued in the desert by dogs and patrolling agents
an illegal toiling in prisons kitchens grocery stores
arrested deported photographed in cardboard coffins
or in his country of origin he can be found day and night
on streets in squares bus stations subway cars
peddling trinkets and cheap copies of his gods
or chanced upon in garbage dumps car trunks
murdered wrapped in blankets his heart torn out
sacrificed by politicians police and hoodlums

today just as yesterday
he is depicted fleeing
pursued
hunted
exploited
killed
Mexican / deer

EPITAPH FOR A TYRANT

> *He knew human folly like the back of his hand.*
> —W. H. Auden

1

Power, his capacity to control the lives of others,
didn't help him control himself.
Money, that limitless greed of his,
was measured in millions impoverished.
In his religion, only one god existed, him.
Justice, he applied to his enemies.
When he laughed, his friends had struck good deals.
When he cried, little children died in the streets.

2

Equidad, no fue su prioridad.
Orden, fue fácil de ordeñar.
Codicia ajena, conoció como su propia mano.
Carros, caballos, mujeres, fueron su pasión.
Cuando estaba contento, desvirgaba vírgenes.
Cuando se enojaba, caían cabezas en el Gran Canal.

PERRO CALLEJERO

Amarillo sol.
Sombra entre patas.
Cabeza gacha.
Lento el andar.
Nadie sabe de dónde viene
ni adónde va.
De pronto se detiene.
Huele orines en la banqueta.
Sigue andando.
Atraviesa calle.
Mercados. Plaza.
Corre, corre.
Cruza contra coches.
Entre gente.
Se dirige al parque.
Poco a poco
se hace pequeño
en la distancia.

Equality, it was not his priority.
Order, it was easy to milk.
The greed of others, he knew like the palm of his hand.
Cars, horses, women were his passion.
When he was happy, he took the virginity of virgins.
When he was angry, heads fell into the Grand Canal.*

STREET DOG

Yellow sun.
Shadow between paws.
Drooped head.
Tread, slow.
Nobody knows where it came from
or where it goes.
Suddenly it stops.
It sniffs urine
on the sidewalk.
Goes on walking.
Crosses a street.
Markets. A square.
It runs, runs.
Crosses against the traffic.
In and out of people.
It heads for the park.
Little by little
it becomes tiny
in the distance.

* Grand Canal: A twenty-nine-mile-long sewer built toward the end of the nine-teenth century to channel wastewater from Mexico City to the Gulf of Mexico.

SOL DE CIEGOS

Ese sol de las seis de la tarde
que se mete entre los edificios
semejante a un sollozo.

Ese sol vagabundo
que se sienta en las sillas
vacías de los peluqueros.

El sol que con manos temblorosas
rasga las cuerdas de la guitarra
como a una amante.

Ese sol que atraviesa tu pelo
y se estrella contra las gafas
negros del músico invidente.

Sol de la Calle de Gante
que alumbra la cara morena
de la niña en la ventana.

Sol de los ojos negros
que mira cómo las manos viejas
sacan sones de sangre y sombra.

Sol de ciegos.

A LOS SETENTA

A Betty

A los setenta, amar como si fuera la primera vez.
Vivir, como si fuera el último minuto.
Mirar, como si todo fuese caza que huye alrededor.
Defender las esferas de la vida como a mí mismo.

THE SUN OF THE BLIND

That evening six-o'clock sun
setting like a sob
between the buildings.

That vagabond sun
that is taking a seat
on the vacant barbers' chairs.

Sun that strums
the strings of a guitar
with trembling hands like a lover.

That sun passing over your hair
and crashing onto the black
shades of the blind busker.

The sun on Gante Street
that lights up the dark face
of the little girl in the window.

Sun of those black eyes
looking at how the old hands
pluck out strains of blood and shadow.

Sun of the blind.

AT SEVENTY

For Betty

At seventy, to love as if it were the first time.
To live, as if it were the final minute.
To look, as if everything were wild game in flight around me.
To defend the spheres of life as if they were myself.

A los setenta, decir la verdad,
porque si no cuándo la voy a decir.
Respetarme a mí mismo, y respetar poco a los demás.
Declararme país independiente.

A los setenta, no estar triste bajo la luz,
que mi alma no se cierre, no se seque, no se amargue;
abrazar el aire, el agua, la tierra,
los cuerpos, las cosas, el espacio y el tiempo.

A los setenta, ser aquel que nunca he sido,
aventurarme en lo desconocido,
vivir de prisa, como si de aquí a mañana
tuviera que alcanzar todo el ayer.

A los setenta, más poesía.
A los setenta, ser.

SAN FRANCISCO,
MARTES 6 DE ABRIL DE 2010

SUEÑO SIN DÍA

En el calendario es sábado,
pero el sueño no tiene día.
La avenida es Reforma,
pero el lugar es ninguna parte.
Unidos tú y yo en un mismo cuerpo,
en el lecho no cabe nuestro abrazo.
Nos creemos solos, pero en nosotros
palpitan seres desconocidos,
porque en el amor somos infinitos.

At seventy, to speak the truth,
because if not, when am I going to speak it.
To respect myself, and respect the rest less.
To declare myself an independent country.

At seventy, not to be sad under the light,
have my soul close off, dry up, grow bitter on me;
to embrace the air, water, earth,
bodies and things, space and time.

At seventy, to be what I never have been,
to venture forth into the unfamiliar,
to live apace, as if from here to tomorrow,
I had to catch up with all of yesterday.

At seventy, more poetry.
At seventy, being.

SAN FRANCISCO,
TUESDAY, APRIL 6, 2010

DREAM WITH NO DAY TO IT

On the calendar it's Saturday,
but the dream has no day to it.
The avenue is Reforma,
but the place is anywhere.
You and I together in one body,
our embrace doesn't fit into the bed.
We believe us to be alone, but the pulse
of unknown beings beats inside of us,
for you and I are, in loving, infinite.

MUJER RURAL

Todas las tardes llega
la mujer rural
a sentarse en el banco
de la plaza principal,
a esperar a su hombre
que se fue al Norte,
mientras el sol
alumbra y deslumbra
las olas verdes del monte.
Ella tiene nombre breve
como calle de pueblo,
y labios como pétalos secos
que fatigó el anhelo.
Nardo no es su cuerpo,
sino pobre exiliada
del mercado de flores
local.
Callada
de espaldas al monte,
sabe que nunca
volverá su hombre,
la mujer rural.

THE COUNTRY WOMAN

Every afternoon she arrives,
the country woman,
to sit on a bench
in the main square,
and wait for her man—
who went to the North—
while the sun
lights up and dims on
the green waves of the mountain.
She has a name as short
as a street in town,
and lips like dry petals
that her wanting has worn out.
Her body is no tuberose
but a poor cast-off
from the local flower
market.
Silent,
her back to the mountain,
she's aware that her man
won't ever come back,
the country woman.

PERRA ABANDONADA EN UNA ISLA

A Chloe y Eva

> *Dicen que la vida de un perro es espera y hambre,*
> *pero la suya fue de soledad bajo un fondo azul.*
> —*1492: Vida y tiempos de Juan Cabezón de Castilla*

El Almirante y sus acompañantes se han marchado
y en el horizonte sólo queda la luna sobre el inmenso mar.

Sin comprender la amistad traicionada, e incapaz
de separarte del amo que te ha dado la espalda,

perra abandonada en una isla, tiendes puentes en el vacío,
pero ni gemidos ni ladridos cambian la distancia pálida.

Al caer la noche la soledad no tiene principio ni fin,
pero la traición es más grande que la noche.

Pasan los días y pasan las semanas, y tú, encaramada
en una roca, sigues esperando al amo que se fue.

A cualquier indicio del regreso del fantasma
corres a la playa, y te quedas quieta, vigilante.

Acompañada por piedras, pájaros y viento,
duermes en la arena tu amor incondicional.

Mas al paso del tiempo, desolada y famélica,
tu amor se vuelve ferocidad.

Hasta que un día apareces tiesa,
perra abandonada en una isla.

DOG DESERTED ON AN ISLAND

For Chloe & Eva

They say that a dog's life is hunger and waiting,
but hers was loneliness under the deep blue sky.
—1492: The Life and Times of Juan Cabezón of Castile

The Admiral and his companions have gone off
and on the horizon only the moon is left over the immense sea.

Not comprehending the betrayed friendship, and incapable
of separating from the master who turned his back on a dog

deserted on an island, you would bridge the emptiness,
but neither the whining, nor the barking alter the pale distance.

At nightfall, the loneliness knows no beginning nor end,
but the betrayal is far bigger than the night.

The days pass and the weeks pass, and perched on a rock,
you go on waiting for a master who went away.

At any indication of the phantom coming back,
you race down to the beach and stand stock still, on look-out.

In the company of stones, wind, and birds
you sleep on the sand, your love—unconditional.

All the more famished and desolate as time passes,
your love turns into ferociousness.

Until one day you turn up stiff and dead,
dog deserted on an island.

EL CUERPO SOÑADOR

Vendrá el día
cuando una voz desconocida
te llame por tu nombre,
y tus ojos peinen la calle
en busca de nadie.

Vendrá el día
en que tus manos quieran
atrapar tu fantasma,
pero sólo aprehendan
el latido de un corazón ajeno.

Vendrá el día
en que tu doble
se apersone en la calle
y al juntarse contigo,
tú desaparezcas.

PRIMER SUEÑO

Contra el hostigamiento político,
contra la violencia criminal,
contra el miedo
he levantado un muro de poesía.

THE DREAMING BODY

The day will come
when an unfamiliar voice
will call you by your name,
and your eyes will comb the street
searching for nobody.

The day will come
in which your hands want
to trap your ghost
only to catch
the heartbeat of a stranger.

The day will come,
on the street, when your
double appears in person
and on its becoming one with you,
you disappear.

THE FIRST DREAM

Against political harassment,
against criminal violence,
against fear
I built a wall of poetry.

Del cielo y sus maravillas,
de la tierra y sus miserias

TOTALIDAD

En una tarde helada.
Camino de Broadway
entro a una librería.
Ojeo un libro.
Totalidad.

A través de las tapas
un ojo me mira,
es una flor eclipsada
de pétalos amarillos.
Totalidad.

Es raro que a esas horas
ande tanta gente en el frío,
mientras del suelo a la punta
de un edificio helado
sube una luz azul.

En la caja de rayos musicales de la tarde
suena un sol ebrio en las ventanas,
y la luz viajera de la totalidad escondida
en alguna parte de mí mismo
me obnubila.

Las manos en los bolsillos
se encienden como soles sueltos,
y el fuego que se ahoga en la ciudad
resuena en mi ser como un sol huérfano.

Totalidad.

Of the Heavens and Its Marvels,
the Earth and Its Miseries

THE TOTALITY

An icy afternoon.
On the way to Broadway
I enter a bookstore.
I browse through a book.
Totality.

Through the cover
an eye looks at me.
It is an eclipsed
yellow-petalled flower.
Totality.

It is odd at this hour for so many
people to be walking in the cold,
while from the ground up to
its tip, a blue light
is scaling a frozen building.

In the musical beam-box of evening
a drunken sun blares off the windows
and the moving light of the totality
hidden in some part of me
bedazzles me.

Like loose suns, the hands
in my pockets begin to burn,
and in my being the fire drowning
in the city echoes like an orphaned sun.

Totality.

ÁNGELES EN EL METRO

A Eva Sophia

Si en nuestro cielo íntimo los ángeles
van desnudos, es porque son inocentes,
y la inocencia corresponde a la desnudez.
Si van radiantes como llamas,
es que su mirada aluzinada
ve una cosa por otra.
Si en una hora pico se les halla
en una calle multitudinaria,
es que andan perdidos en la tierra
fuera de tiempo y de lugar.
Si los ves dirigirse al Metro,
no los pierdas de vista,
síguelos hasta el andén,
y si se arrojan a las vías del tren
arrójate detrás de ellos,
porque en sus despojos sangrientos
hay un cielo que ganar.

AMO AL SOL

Amo al sol que se levanta y se pone en tus ojos
como un halcón en el desierto de Amarna

lo amo como a un corazón que piensa
y como un ojo que siente

amo el sol que viste y desviste a las criaturas
con sus manos terminadas en rayos

al ojo que al colmarnos de luz
nos hace parecer más oscuros

al sol viejo que toca las manos del ciego
que toca en una calle un instrumento de viento

ANGELS IN THE METRO

For Eva Sophia

If in our private heaven the angels
go about naked, it's because they are innocent,
and innocence corresponds to nakedness.
If they go around as radiant as flames,
it is just that their clairvoyant look
sees a thing as something else.
If in the rush hour, they are found
on a multitudinous street, it is just
that they are walking lost on earth
outside of time and place.
If you see them heading for the Metro,
do not let them out of your sight,
follow them onto the platform,
and if they throw themselves
onto the tracks, throw yourself
after them, for in their bloody remains
there is a heaven to be had.

I LOVE THE SUN

I love the sun that rises and sets in your eyes
like a falcon in the Amarna Desert

I love it like a heart that thinks
and like an eye that can feel

I love the sun that clothes and unclothes the creatures
with hands that end in beams

the eye that brims us with light
that makes us seem darker

I love the disc that spins away into the river
like a poor copper coin

al sol que pone corazones de luz en las paredes
y estrías en las pirámides de arena

amo al disco que se aleja en el río
como una pobre moneda de cobre

al ojo que danza en las ventanas
ebrio de soles y sombras

al misterio que brilla en tus ojos
y fulgura en las pupilas del agua

amo al sol que nos mira a través de la Luna
para que no estemos solos en la noche

amo al sol en sus nombres
Helios Akhenaton Tonatiuh

al Sol Dios de Marsilio Ficino
al Cristo transfigurado de Grünewald

amo al sol miel al sol mar al sol Dios
cuyo nombre cabe en una sílaba

al sol vivo que se mira a sí mismo
cuando el sueño me cierra los párpados

al Sol que desde la oscuridad dijo:
"hágase el aire háganse las aguas

háganse los hombres
háganse las piedras

háganse los árboles
hágase el horizonte"

Sol solo Sol mío

the old sun that touches the blind man's hands
playing a wind instrument in the street

the sun that leaves hearts of light on the walls
and stretch marks on the pyramids of sand

the eye that dances in the windows
tipsy on suns and shadows

the mystery that shines in your eyes
and sparkles in the pupils of water

I love the sun that watches us through the Moon
so that we are not alone in the night

I love the sun in its names
Helios Akhenaton Tonatiuh

the God Sun of Marsilio Ficino
Grünewald's transfigured Christ

I love the honey sun the sea sun the sun God
whose name fits into one syllable

the living sun that looks at itself
when sleep closes my eyelids

the Sun that out of the darkness said:
"let the air be made let the waters be made

let men be made
let the stones be made

let the trees be made
let the horizon be made"

Sun alone my Sun

EL ARBOL

A Chloe y Eva Sophia

Entonces el árbol tuvo un sueño
soñó que estaba en una arboleda
y sus ramas estaban llenas de aves
asomadas a mi ventana

soñó que sus semillas caían a tierra
y se convertían en otros árboles
en otros sueños que crecían
dentro y fuera de nosotros

soñó que había dos caminos
uno que bajaba al inframundo
y otro que llevaba a un Horizonte
que nunca atardecía

tenía que quedarse en el mismo lugar
mirando con mil ojos verdes al hombre
que en camiones y con motosierras
venía a cortarlo en dos

en ese momento el árbol despertó
se vio a sí mismo con zapatos en las raíces
y como un ángel desarraigado
se fue por el camino

LEVITACIONES

*la diferencia que hay de unión a arrobamiento, u elevamiento, u
vuelo que llaman de espíritu, u arrebatamiento, que todo es uno.*
—Teresa de Jesús, *Libro de la Vida*

Yo, Teresa de Cepeda y Ahumada,
la monja de los arrobamientos,
pasaba de los cuarenta años cuando

THE TREE

For Chloe and Eva Sophia

Then the tree had a dream
it dreamed it was in a wood
and its branches that leaned out
onto my window were full of birds

it dreamed its seeds fell to the ground
and turned into other trees
into other dreams that grew
inside and outside us

it dreamed there were two roads
one which went down to the underworld
and the other which rose up to the Horizon
where evening never fell

it had to stay in the same place
staring through a thousand green eyes at man
who came in trucks with chainsaws
to cut it in two

at that moment the tree awoke
saw itself with shoes on its roots
and like an uprooted angel
took to the road

LEVITATIONS

> *The difference that there is between union and rapture, or
> elevation, or what they call flight of the spirit, or transport, is
> that they are all one.* —Teresa de Jesús, *The Book of Her Life*

I, Teresa de Cepeda y Ahumada,
the nun of the raptures,
was going through my forties

en el aire muerto de los cuartos cerrados
tuve mi primer éxtasis, y las manos del Dios vivo
me alzaron sobre mí misma.

Yo, Teresa de Jesús, sentía las manos
del Dios invisible levantándome en vilo
delante de las monjas de mi congregación,
y sin saber qué hacer quería agarrarme
del piso en ese trance místico
que me hacía ver el abismo de mí mismo.

En esos arrobamientos mi cuerpo perdía su calor natural,
y se iba enfriando, el suelo bajo el cuerpo se retiraba
y en medio del silencio de los sentidos la nube
de la gran Majestad descendía a tierra,
subía la nube al cielo, y elevándose
me llevaba consigo en su vuelo.

Yo me preguntaba en ese aire vivo,
"¿Dónde se encuentra Dios?"
Al ver que me llevaba no sé dónde,
yo, dejándome arrebatar, lo arriesgaba todo,
y entregada a la contemplación de lo Desconocido,
suspendida en el aire, tenía visión del reino.

En vano resistía esos elevamientos y ocultaba mi espanto.
Cuando me acometían esos raptos no había posibilidad
de oponerse a ellos, se presentaban con un ímpetu
tan fuerte y acelerado que veía y sentía alzarse esta nube,
como si un águila me cogiera entre sus alas. Temiendo
ser engañada, me oponía al levantamiento en público.

En mi pasión visionaria veía a Dios y la Virgen en todo
su esplendor, y a un ángel hacia mi lado izquierdo
en forma corporal, no grande, sino pequeño, hermoso
mucho, con el rostro tan encendido que parecía de los
ángeles solares. Le veía en las manos un largo dardo
de oro, y al fin del hierro un poco de fuego metiéndoseme

when in the dead air of the cloistered rooms
I had my first ecstasy, and the living hands of God
raised me out of myself.

I, Teresa of Jesus, felt the hands
of the invisible God lifting me into the air
before the nuns in our congregation,
and not knowing what to do, I wanted to grab
hold of the ground throughout that mystical trance
which made me see into the abyss of my own self.

In those raptures my body lost its natural warmth
and grew cold, the earth beneath my body grew distant,
and amidst the silence of my senses a cloud
of great Majesty came down to earth,
the cloud rose and lofting upward
bore me with it in its flight.

I asked myself in that living air,
"Where does one find God?"
Seeing that it was bearing me I know not where,
I, in letting myself be raptured, risked everything,
and delivered unto contemplation of the Unknown,
suspended in air, had a vision of the kingdom.

In vain I resisted those levitations and hid my fright.
When those raptures came upon me, there was no chance
of resisting them, their onset had an impetus
so swift and powerful that I saw and felt this cloud soar
as if an eagle nestled me between its wings. For fear
that I was being deceived, I was against levitation in public.

In my visionary passion I did see God and the Virgin in all
their splendor, and an angel on my left side
in corporeal form, not great, but small, very
handsome, with a face so lit up it seemed one
of the solar angels. I saw a long gold lance in its hands
and at the iron tip a little fire making its way into me

por el corazón, que me llegaba a las entrañas.
Quedaba después de la pelea cansada, pues la fuerza
del arrobamiento era tal que alzada el alma la cabeza
iba tras ella, sin poderla tener, y todo el cuerpo en vilo,
que del lecho al techo podía haber un abismo
y no sólo un abismo, sino mucho vacío.

Como me acaecían esos arrobamientos en el coro,
entre las otras monjas, o yendo a comulgar
y estando de rodillas, me daba mucha pena ser llevada
por los aires delante de todas, que veían a su priora
estarse en éxtasis, con sus grandes ojos negros
desfallecidos mirándolas desde arriba en trance místico.

Les pedía yo luego que no dijeran nada a nadie
de lo que habían visto, que estar alzada sobre la nave
no es cosa que pueda leerse in los libros de caballerías.
La princesa de Éboli propagaba entre su servidumbre mis
visiones de ángeles y santos, mis conversaciones con Dios
y mis vuelos de espíritu descritos en el *Libro de la Vida.*

Despertaba burlas y risas.
Ante los tribunales de la Inquisición me acusaba.
Por esa delación el inquisidor con amenazas
de quemar el libro mandó recoger todas
las copias conocidas y todos mis escritos,
quedando el manuscrito en poder del Santo Oficio.

Ocho años quedé yo viva, los otros cuatro muerta.
No está de más agregar que una monja salida
del convento me delató al inquisidor,
y que mis superiores me prohibieron abandonarme
a exaltaciones místicas, ya que hasta en sueños
los arrobamientos me elevaban del lecho al techo.

Supliqué mucho al Señor que no quisiera darme
más mercedes que tuviesen muestras exteriores,
porque estoy cansada de andar en tanto aire,

reached through my heart to my very innards.
After the struggle I was left weary, well, the force
of the rapture was such the soul ran wild and the head
followed after, unable to get a hold on it, and my whole body
in the air, which from bed to ceiling could have been an abyss,
not only an abyss, but a great vacancy.

As these raptures happened to me in the choir
amongst the other nuns, or going to take communion
and being on bended knees, it pained me to be lifted up
into the air in front of them—seeing their Prioress
in an ecstatic state, looking down on them with huge
dark, swooning eyes in this mystical trance from above.

I begged them then to say nothing to anyone
about what they had seen, to be lifted in a fit up over the nave
is not a thing one reads about in books of chivalry.
Amongst her retainers the Princess of Eboli was propagating
my visions of saints and angels, my conversations with God
and my flights of the spirit set out in the *Book of Life*.

It aroused mockery and laughter.
She accused me before the Inquisition's tribunals.
With this denunciation the Inquisitor ordered,
under threat of burning the book, that all known copies
of my writings be collected, leaving the manuscript
in the power of the Holy Office.

For eight years I stayed alive, for four more, dead.
I should further add that a nun who left
the convent denounced me to the Inquisitor,
and that my superiors forbade my abandoning myself
to mystical exaltations, since even in dreams the raptures
lifted me from the bed to the ceiling.

I beseeched the Lord not to bestow on me
any more favors that had outward and visible signs,
for I am weary of treading so much air,

sobre todo en maitines, que es cuando me han tornado
los arrobamientos, y yo, hallándome entre gentes,
sentía los estremecimientos del Dios invisible.

No sabía qué hacer, agarrándome de nada,
me quedaba corridísima, quería meterme no sé donde
con harta pena. Como aquel día de la Asunción,
que hallándome en el monasterio de Santo Domingo,
vínome un arrobamiento tan grande que me sacó de mí,
y, sin poder menear pies ni brazos, tuve que sentarme.

Estando así me vi vestir con una ropa
de mucha blancura y claridad por una Virgen niña.
Y vestida por ella, traté de asirme de sus manos,
quedándome luego con mucha soledad,
sin poder menearme ni hablar,
como toda fuera de mí.

Cuando creía que el Señor había tenido la bondad
de oírme arremetía de nuevo y desde debajo de los pies
me levantaba con fuerzas tan grandes que quedaba
hecha pedazos, pues no hay poder contra su poder,
que cuando su Majestad quiere no se puede detener
el cuerpo ni el alma, ni ser una dueña de ellos.

Máxime que después de muerta no seré propietaria
de mi cuerpo: mi pie izquierdo, mi mano derecha
y mi ojo izquierdo, y hasta mi corazón
serán repartidos como reliquias, pues
desde el día en que caí gravemente enferma
fui amortajada.

Yo, Teresa de Ávila *la de los arrobamientos*,
en los umbrales del misterio.
Alba de Tormes, 4 de octubre de 1582.

above all at matins, which is when the raptures
have returned for me, and I, finding myself among people,
felt the tremors of the invisible God.

I did not know what to do, clutching at nothing, left
ashamed no end, heart sick I wanted to creep in
I don't know where. Like on the Feast of the Assumption,
when I found myself in the monastery of Santo Domingo,
a rapture so great came upon me that it tore me out of
myself, and powerless to move feet or arms, I had to sit.

Being so, I saw myself dressed by a Virgin girl
in garments of great whiteness and brightness.
And clothed by her, I tried to hold on to her hands,
leaving me thereafter much alone,
powerless to either move or speak,
as if I were outside myself.

When I believed the Lord had had the goodness
to hear me, He struck anew and from off my feet
lifted me with such force that I was shattered,
well no power is there greater than his power,
for when his Majesty wills, a body cannot hold
back, nor the soul, nor can one be mistress over them.

All the more after death I will not be master
of my body: my left foot, my right hand,
and my left eye, and even my heart
will be divided up as relics, since
from the very day I fell gravely ill
I was bundled into a shroud.

I Teresa of Ávila, *she of the raptures*,
on the threshold of the mystery,
Alba de Tormes, October 4, 1582.

OH, BUDA

plumas desechadas,
ropas deslavadas,
pastas caducas,
actrices de moda,
gafas quebradas,
rastrillos mellados,
banquetas andadas,
pinturas resquebrajadas,
monedas devaluadas,
fortunas mal habidas,
famas escritas en el papel de baño,
pájaros de la madrugada,
evidencias,
señales,
heridas,
fantasmas de la impermanencia,
oh, Buda.

EL CARACOL

Sólo él se vio a sí mismo reflejado en un charco.
Sólo él sintió el vacío a su alrededor.
Sólo él atravesó los follajes de árboles alucinantes.
Debajo de las losetas corrían ríos de agua dulce.
La ciudad en la jungla parecía un ancestro sin cara.
Un hombre estaba parado sobre un peñasco quemado.
Entre rugidos de monos aulladores oyó la voz del ramaje.
Cuando el sacerdote astrónomo se ocultó detrás del alto
muro de una ceiba milenaria, arañó la tierra,
gateó sobre una roca, se aferró a las hierbas.
El sacerdote cambiaba de lugar, se burlaba de sus ojos.

——

El Caracol, o el Observatorio, una estructura maya en Chichén Itzá, así llamada
por la escalera en espiral dentro de su torre.

OH, BUDDHA

discarded feathers,
clothes half-washed,
pastas past best before,
actresses in vogue,
eyeglasses broken,
nicked razors,
sidewalks worn-down,
paintings with craquelure,
devalued currencies,
ill-gotten fortunes,
reputations writ on toilet paper,
birds at dawn,
evidences,
signs,
wounds,
phantoms of impermanence,
oh, Buddha.

EL CARACOL

Only he saw himself reflected in a puddle.
Only he sensed the emptiness around about.
Only he traversed the leaves of the hallucinatory trees.
Under the flagstones rivers of freshwater ran.
The city in the jungle appeared like a faceless ancestor.
A man stood on top of a scorched crag,
amid the howler monkey roars he heard the voice of the branches.
When the astronomer priest hid behind the high
wall of a thousand-year-old ceiba, he scratched at the earth,
clawed his way onto an outcrop, grabbing hold of the grass.
The priest was changing places, playing tricks on the man's eyes

------

El Caracol, or the Observatory, a Mayan structure at Chichen Itza, called "the snail" for the spiral staircase inside its tower.

Hasta que lo sorprendió con su perro Xolo
en un edificio circular. Estaba ciego.
En cuclillas jugaba con las semillas del tiempo,
mientras escuchaba dentro de las paredes negras
la escritura nocturna de los astros.
Al sentir sus pasos, huyó como una sombra.
Él lo siguió, traspuso el umbral del templo
como si traspusiera las puertas prohibidas de sí mismo.
En el centro de una cueva ceremonial
pisó la columna de luz del Sol de medianoche,
que entraba por un orificio en el techo.
El sacerdote cantó una canción para "bajar al sol".
Y el sol "bajó". Fue mediodía en la medianoche.
Los ojos de ese sol doraron sus ojos.
Sólo por un momento.
Porque el sacerdote desapareció,
porque los monos aulladores
se hicieron visibles en los árboles.
Y porque fue el alba.

EL OJO NEGRO DE LA TOTALIDAD

El dios jaguar salió del inframundo.
La luz del mediodía se volvió ceniza.
La sombra de la Luna cubrió la Tierra.
El cono blanco del Popo* se tornó humo.
La pirámide del Sol se hizo tiniebla.
El alumbrado público se apagó.
El crepúsculo espectral alcanzó al cielo.
La noche de siete minutos comenzó.
El eclipse del milenio cobró forma.
La corona radiante rodeó al Sol.
Plumas de oro cubrieron el espacio.
El ojo negro de la totalidad miró hacia abajo.
Rojo. Verde. Blanco. Azul.
Unos segundos.
Eso fue todo.

* El Popocatépetl, un volcán activo en el centro de México.

until he came upon the priest with his Xoloitzcuintle dog
inside a circular building. The priest was blind,
playing with the seeds of time,
squatting inside the black walls while he listened
to the nocturnal scriptures of the stars.
Hearing his footsteps, the priest fled away like a shadow.
The man followed him, crossed the threshold of the temple
as though through forbidden doors to the self.
In the center of a ceremonial cavern
he stepped into the column of light from the midnight
Sun that entered through an aperture in the roof.
The priest sang a song for "the sun to come down."
And "down came" the sun. Midday at midnight it was.
That sun's eyes turned his to gold.
Only for a moment.
Because the priest was no more to be seen,
because the howler monkeys
were becoming visible in the trees.
And because it was dawn.

THE BLACK EYE OF THE TOTALITY

The jaguar god came up from the underworld.
The light of noon turned to ashes.
The shadow of the Moon covered the Earth.
Popo's* snow-white cone turned to smoke.
The pyramid of the Sun grew dark.
Streetlights went off.
A ghostly twilight reached across the sky.
The seven-minute night set in.
The millennial eclipse took shape.
A shining corona haloed the Sun.
Feathers of gold were spread across space.
The black eye of the totality looked down.
Red. Green. White. Blue.
A second or so.
That was all.

* Popocatépetl, an active volcano in central Mexico.

MIGRAÑA

A Chloe

Quien se habla a sí mismo
espera hablar con Dios un día,
pero mientras llega ese momento
habrá que hablar a las criaturas de cada día.

Ninguna conversación es más posible
que la que se mantiene con uno mismo.
Ninguna incomunicación es más frustrante
que la que se tiene con nuestro propio abismo.

Porque es en la imaginación donde comienza
toda depresión, y donde el hada de la vida breve
nos despierta al anochecer después de haber
dormido el sueño de la nada todo el día.

En uno mismo el oriente canta y el occidente decanta,
el horizonte avanza hasta allá de sus límites.
Hasta que la cabeza estalla de dolor
como una flor.

UN MOMENTO

Un momento mi madre era llena de gracia
Un momento miré el techo desde mi cama grande
Un momento fulguraron mis ojos en la mañana diáfana
Un momento me sentí un árbol sin raíces en la cañada
Un momento me bañé de sol en el patio de mi casa
Un momento se me disparó la escopeta en el vientre
y la poesía entró en mi vida
Un momento anduve solo por las calles de México
Un momento conocí a Betty en el Café Tirol
entre mesas de ajedrez y cafés capuchinos
Un momento llevé a Chloe sobre mis hombros
y a Eva de la mano

A MIGRAINE

For Chloe

Whoever speaks to oneself
expects to speak with God one day,
but until that moment arrives,
one will have to talk to everyday creatures.

No conversation is more possible
than that which one holds with oneself.
No non-communication frustrates more
than the one with our own abyss.

Because the imagination is where all
depression begins and where the fairy of vita breve
wakes us at nightfall after having slept
the dream of nothing all day.

Within oneself the rising sun incants and the setting descants,
the horizon moves beyond its outermost edge.
Until the head blows apart with pain
like a flower.

ONE MOMENT

One moment my mother was full of grace
One moment I looked up at the ceiling from my big bed
One moment in the diaphanous morning my eyes swelled with light
One moment I felt like a rootless tree in the ravine
One moment on the patio of my house I bathed in the sun
One moment a shotgun discharged into my belly
and poetry came into my life
One moment I walked the streets of Mexico alone
One moment I came to know Betty in the Café Tirol
among the chess boards and cappuccinos.
One moment I carried Chloe on my shoulders
and held Eva by the hand

Un momento enterré a mi madre llena de desgracia
Un momento el peluquero cortó las llamas blancas de mi pelo
Un momento vi a Dios en el espejo de mí mismo
Un momento en la eternidad de un momento
nací una y otra y otra vez

LA MUERTE MADRINA

> *Da sah er, wie tausend und tausend Lichter in unübersehbaren*
> *Reihen brannten, einige groß, andere halbgroß, andere klein.*
>
> —Hermanos Grimm, "Der Gevatter Tod"

Los azules del frío apenas se movieron
cuando entró la virgen de la luz
por la ventana de la pieza gris
del hospital de Toluca.
El niño herido en el vientre
había resucitado
después de tres días de morir
en el camastro helado.
A sus padres que lo abrazaron
no les dijo que venía de dar
un paseo con la Muerte Madrina
por una cueva subterránea
donde ardían millones de cirios.
Grandes, pequeños y medianos
todos se consumían intensa, tenuemente.
Cada llama representando
la duración de una vida.
Al mirar que unos se apagaban
y otros se encendían, le pregunté
a la Muerte: "¿Cuál es mi luz, Madrina?"
"Ésa, tu momento no ha llegado todavía,"
dijo y desapareció por la ventana.
Y desde entonces cada momento
de vida fue un regalo de la Divinidad.

One moment I buried my mother full of misfortune
One moment the barber was cutting the white flames of my hair
One moment I saw God in the mirror of myself
One moment in the eternity of a moment
I was born time and time and time again.

GODMOTHER DEATH

> *Da sah er, wie tausend und tausend Lichter in unübersehbaren*
> *Reihen brannten, einige groß, andere halbgroß, andere klein.*
> —Brothers Grimm, "Der Gevatter Tod"

The blues of the cold barely moved
when the virgin of light came in
through the window to the gray ward
in the Toluca hospital.
The boy, wounded in the belly,
had resuscitated
after three days of being dead
in the ice-cold rickety bed.
He said nothing to his parents—
who hugged him—about how he came
to take a walk with Godmother Death
through a subterranean cave
where millions of candles were lit.
Big, small, medium, all burning
intensely, tenuously. Each flame
represented the duration of a life.
On seeing that some went out
and others were lit, I asked Death:
"Which light is mine, Godmother?"
"That one, its moment has not yet come,"
she said and disappeared
through the window.
And from then on, every moment
in life was a gift from the Divinity.

NOTICIAS DE LA TIERRA

A Betty

La tarde es clara después de la tormenta.
Lo Santo alumbra la carroña y el clavel.
En las paredes saltan ranas de ojos rojos
como corazones verdes.
En los charcos navegan hojas escarlatas,
y en los ojos hay un naufragio de soles.
Los hombres hacen cada día su laberinto,
y cada día los ratones de la nada se los comen.
Las generaciones futuras nunca entenderán
nuestro actual delirio de destrucción.
Nuestra codicia sin límites destruye todo paraíso,
y después de siglos nos hallamos más pobres.
Caín recorre el mundo con su quijada de burro.
Y Venus cuelga de la Luna como una perla devaluada.
Pero hay un milagro, un pequeño milagro
después de la tormenta: tú y yo
no nos evaporamos en la calle
como las gotas de la última lluvia.

ARTAUD EN LA SIERRA TARAHUMARA

Hay en estas montañas piedras que hablan,
que repiten la música del aire

hay en estas barrancas sonidos lapidarios,
que tienen algo de árboles que talan

hay en esta sierra labios de agua
que entonan la canción de ríos extintos

hay en estos peñascos sombras verdes
que nadie abre salvo las nubes altas

hay en estos acantilados un silencio que mata
más hombres que el hambre y el frio

NEWS OF THE EARTH

For Betty

The evening is clear after the storm.
The Blessedness lights up carrion and carnations alike.
On the walls red-eyed tree frogs
leap up and down like green hearts.
Scarlet leaves sail across the puddles
and there, in the eyes, is a shipwreck of suns.
Men make of each day a maze
and each day, mice from out of nowhere eat away at them.
Future generations will never comprehend
our current delirium of destruction—
every paradise, our limitless greed destroys,
and we find ourselves the poorer, centuries after.
Around the globe trots Cain with his jawbone of an ass.
And Venus dangles from the Moon like a devalued pearl.
But there is one miracle, one small miracle
after the storm: you and I,
we don't evaporate on the street
like drops of the last fallen rain.

ARTAUD IN THE SIERRA TARAHUMARA

There are stones in these mountains that speak,
that mimic the music of the air

there are in these gorges lapidary sounds
that bear something of trees being felled

there are in this Sierra lips of water
that intone the song of extinct rivers

there are on these crags green shadows
that no one opens save the clouds high above

there are on these cliffs a silence that kills
more men than hunger and cold

81

si es cierto que esta sierra piensa
me está pensando a mí

si es cierto que estos signos hablan
me están hablando a mí

hay en estas montañas rocas
que repiten la canción de la otredad

RARÁMURIS CORRIENDO

A Betty

Corrían los hombres de pies ligeros
por la Sierra Tarahumara,
de arriba hacia abajo, de abajo hacia arriba,
como en una alucinación provocada
por el dedo veloz de un hechicero.

Un corredor lanzaba la bola
de raíz de encino lo más lejos posible,
y los otros corredores, frazadas al suelo,
con pies sangrantes daban vueltas
en un circuito alucinante de ortos y ocasos.

Al borde de los despeñaderos,
los corredores de pies descalzos
pateaban la bola hacia la izquierda,
hacia la derecha, hacia la sombra;
marcando su trayecto con cruces en los troncos.

Con bandas rojas y blancas en la cabeza,
y las piernas ennegrecidas frotadas
con hierbas y piedras lisas, cruzaban ríos,
albas, mediodías, y los fantasmas negros
que corrían en la sierra.

if it is true that this Sierra thinks
it is thinking of me

if it is true that these signs speak
they are talking to me

there are in these mountains rocks
that echo the song of otherness

RARÁMURIS RUNNING

For Betty

The light-footed men were running
through the Sierra Tarahumara,
up and down, down and up,
impelled as in a hallucination
by the quick finger of a hexer.

One runner threw the ball
of oak root as far as he could
and the other runners, blankets left
on the ground, did laps with bloodied feet
on a dizzying circuit of sun-ups and sun-downs.

At precipice edges
the barefoot runners
kicked the ball left,
right, into the shadow, marking
its trajectory with crosses on the tree trunks.

With red and white headbands
and legs rubbed black with herbs
and smooth stones, they crossed
rivers, middays, dawns, black
specters running on the Sierra.

Como águilas iban y venían,
como piedras en la montaña hablaban
lenguas antiguas que nadie entendía,
como lluvias y árboles
de noche cambiaban de lugar.

Espíritus invisibles animaban el mundo de la sierra,
y había simas que soñaban en alturas heladas,
y aves que a la caída del alba
dejaban caer sus sombras extrañas
en abismos insólitos.

Con la cara y las piernas pintadas con yeso,
los hombres no dejaban de correr:
hechizados, con huacales sobre la espalda
con una carga mágica, pateaban la bola
hacia arriba, hacia abajo, hacia delante.

Alumbrada la noche con ocotes, los hombres
de pies ligeros recogían las piedras de los circuitos
recorridos, o pasaban como relámpagos sobre un ojo
de agua donde momias jóvenes como cueros viejos
se prometían la eternidad en un acto de amor furtivo.

Los rarámuris corrían entre cruces de pino
con los brazos extendidos hacia el Padre Sol,
escuchando el ruido de sus pies, que no abatían
calores ni vientos, y a aquel que caía por enfermedad
o hechizo, lo dejaban atrás, y los demás seguían corriendo.

Los espectadores sobre un peñasco
dibujaban casas cónicas, águilas reales,
los hombres de pies ligeros seguían corriendo,
hasta que se ponía el sol, salía de nuevo,
y así del orto al ocaso, del ocaso al orto

hambrientos y sedientos iban y venían
por la Sierra Tarahumara
en un correr frenético,

Like eagles they came and they went,
like the stones on the mountain they talked
in ancient languages that no one understood,
like the rains and the trees
they switched places in the night.

Unseen spirits animated the world of the Sierra,
and there, dreaming on the frozen heights, were chasms,
and birds at the waning of dawn
that let their strange shadows drop
into unimaginable abysms.

Face and legs painted with gypsum,
the men never ceased running;
spellbound, bent-wood baskets on the back
with a magical load, they kicked the ball
up, down, on ahead.

Night lit up with pinewood brands, the light-
footed men gathered up the stones for the laps
run, or passed like flashes of lightning above an eye
of water where young mummies, like weathered leather,
promised each other eternity in an act of furtive love.

The Rarámuris ran between pinewood crosses,
their arms reaching out to Father Sun, listening
to the sound of their feet, which neither wind
nor sweltering weather kept down, and whomever did fall from sickness
or under a spell they left behind, and on the rest ran.

Spectators up on a crag made
drawings of conical houses, golden eagles,
on went the light-footed men running
until the sun set, came out again
and so on, sunup to sunset, sunset to sunup,

hungry and thirsty they came and went
through the Sierra Tarahumara
in a headlong race

hasta alcanzar el Tarahumar supremo,
punto de partida y llegada de la carrera infinita.

NOTA: Según Carl Lumholtz, "*Tarahumar* es corrupción española de *ralámari*, que puede traducirse por 'corredores a pie', porque *ralá* significa 'pie.'"

NO TODO

A Norman Manea

No todas las estrellas son ángeles en llamas
no todos los ríos llegan al mar
no todas las lluvias son cristalinas
no toda hambre es la mejor salsa del mundo
no todo lo que tiene dientes busca a quien devorar
no todo vientre es la puerta del paraíso
no todos los sueños tienen un despertar
no todo lo que digo es cierto

AUTORRETRATO CON MANOS

La mano izquierda, sana, curiosa,
pasa los dedos sobre la mano derecha,
envuelta en gasas y en vendas.

Su hermana está herida.
Un disparo le ha violado las falangetas
y su niñez ha caído en la distancia.

Sobreviviente de un accidente,
él tiembla. Más que nunca sus manos,
animales prensiles de un mismo cuerpo,

until reaching the Tarahumar heaven,
starting point and finish of the infinite race.

NOTE: According to the Norwegian ethnologist Carl Lumholtz, *tarahu-mar*, translated as "runners on foot," is a Spanish corruption of *ralámari*, because *ralá* means "foot."

NOT ALL

For Norman Manea

Not all the stars are angels in flames
not all the rivers reach the sea
not all rains are crystal clear
not all hunger is the best sauce in the world
not all things that have teeth hunt down someone to eat
not all wombs are the door to paradise
not all dreams have an awakening
not all that I say is for sure

SELF-PORTRAIT WITH HANDS

The healthy, curious left hand
runs its fingers over the right hand,
swathed in gauze and bandages.

Its sibling is wounded.
A shot has ripped through the phalanx bones
and his childhood has fallen into the distance.

Survivor of an accident,
he shivers. More than ever, his hands,
prehensile animals of one and the same body,

en el espacio hospitalario
se reconocen como gemelas
de la misma gracia y desgracia.

Sentado el niño que tuvo una experiencia
cercana a la muerte, convaleciente, se sienta
en un banco cerca de la puerta verde,

por la que sacan a los muertos,
mientras ve a sus manos reconocerse,
como si no hubiera pasado nada.

JARDÍN DE ESPECTROS

A mamá Josefina

1

El peral con sus frutos no sabe que es fantasma.
Los geranios, las rosas y la bugambilia,
arrastrándose por el suelo como un esplendor caído
de hojas moradas, ignoran su propia ausencia.

Todos es pasado. Las visitas de las mujeres,
las lluvias, los jilgueros, los perros,
los crujidos de las puertas, las voces se han ido,
y tú sola, madre invisible, estás aquí.

2

Pájaros dibujados en el cuaderno azul del cerro,
ángeles de la infancia ahogados en la pileta
entre las flores secas del recuerdo,
mitologías añosas escalando paredes
por las que bajan arañas de rodillas rojas,
cuerpos transparentes que en los corredores
nos salen como un viento para señalar tesoros enterrados,
criaturas sin nombre que nos miran por las rendijas

in the hospital space
recognize each other as twins
of the same blighting and blessing.

The boy, who had a near-death experience,
seated, recovering on a bench,
stays sitting by the green door

through which they take out the dead,
while he sees his hands acknowledging
one another as if nothing happened.

GARDEN OF GHOSTS

For Mama Josefina

1

The pear tree with its pears isn't aware it's a ghost.
Geraniums, roses, bougainvillea,
trailing over the ground in a lapsed splendor
of purple petals, are unaware of their own absence.

All are gone. The women visiting,
the rains, the goldfinches, dogs,
the creaking of doors, the voices, gone,
and you alone, my invisible mother, are here.

2

Birds drawn on the blue notebook of the mountain,
childhood angels drowned in a basin
among the dried-up flowers of memory,
age-old mythologies scaling the walls
down which redknee spiders crawl,
transparent bodies in the passageways that come upon us
like a wind to lead the way to buried treasures,
nameless creatures that spy on us through cracks

de puertas desvencijadas que sólo el aire mueve,
pálidas figuras que tratan de formarse en el cerro
cuando el sol se ha ido, son mis rostros
temblando de irrealidad sobre la colina de oro.

3

Por la calle empedrada
corría la niña Josefina
vestida de percal y de sombra

un bandido había entrado al pueblo
por el panteón para robar mujeres
y estiraba los brazos
para subirla a su caballo negro

por la calle corría despavorida
la pequeña sombra de ojos grandes
que un día sería mi madre.

4

Yo no sabía que las flores pueden ser espectros
de su propio mañana y asustar al niño que busca
su reflejo en el espejo empañado de su cuarto vacío.

Yo no sabía que el destello arrojado delante
de sus pasos es como el látigo de sombras
de un familiar olvidado en las losetas.

Y que la tía sorda de trenzas blancas, parecida
a la Llorona, que me bañaba bajo el sol poniente,
iba tocando puertas en el aire.

Ven cavadora de tumbas de mi infancia,
ven a jugar en mi jardín de espectros
el juego del amor y de la muerte.

in rickety doors that only the air moves,
pale figures, attempting to take shape on the mountain
when the sun has gone in are aspects of me,
quivering with unreality on the hill of gold.

3

Along the cobbled street
ran the little girl, Josefina,
dressed in percale and shadow

a bandit had come into town
by way of the graveyard to steal women
and was reaching arms out
to lift her up-and-onto his black horse

through the street she ran, terrified,
the small shadow with big eyes
who would one day be my mother.

4

I was not aware that flowers may be the ghosts
of their own morning and spook a boy who searches
for his reflection in the misted-over mirror of his empty room.

I wasn't aware that the flicker cast ahead of his steps
is like the whip of shadows left behind by an unremembered
relative on the floor tiles.

And that my deaf aunt with the white braids, so like
La Llorona,* who bathed me under the setting sun,
went about rapping on doors in the air.

Come, digger of graves from my childhood,
come and play in my garden of ghosts,
the game of love and death.

* La Llorona is a wailing ghost roaming the earth in search of her children, whom
she drowned.

EL FESTÍN DE BERT

A Chloe

zo ben ik / een deur
—Bert Schierbeek, *De deur*

El vidrio estaba helado en la ventana.
Al Vondelpark la primavera no había llegado.
Bajo la lluvia el ayer y el hoy parecían iguales.
Bert llegó en un taxi. Sacudido por el viento
entró a su casa. En silla automática lo subieron
por la escalera como a un poeta rumbo al cielo.
En el hospital le habían diagnosticado cáncer.
Ninguna medicina podría curarlo de la muerte.
Sus pasos finales andaban fuera de sus poemas.
Su mujer había ido temprano al supermercado.
Yo era el invitado extranjero. El amigo de años.
Había venido para acompañarlo en su último *lunch*.
Su apetito era insaciable, quería devorar la vida
hasta la indigestión, hasta la inconciencia,
como si sus manos y sus ojos tuviesen hambre.
Sentado a la mesa lo vi atacar arenques, anguilas,
ostras, mejillones, patatas, jamones, quesos, panes,
chocolates fundidos, compota de ciruelas, cafés,
speculaas, pastelitos de hojaldres y helado de vainilla.
Para colmar su sed bebía ginebra, cerveza, vino blanco,
y, como si hiciese falta, con la mirada tragaba el agua quieta,
pero elusiva, de los canales de Ámsterdam.
Su memoria, esparcida en ciudades y soledades,
se juntaba con un presente en forma de comida.
"Las nubes son las montañas de Holanda", le dije.
"Entonces yo soy una puerta", dijo él, y siguió
comiendo trozos de vida, fragmentos de poemas,
la geografía rota de su rostro surcado de arrugas.
Todo mientras un oscuro día frío
entraba por la ventana y cubría su cuerpo.

BERT'S FEAST

For Chloe

> *So I am / a door*
> —Bert Schierbeek, *De deur*

The glass on the window was frozen over.
Spring hadn't reached Vondelpark.
Yesterday and today seemed the same under the rains.
Bert arrived in a taxi. Buffeted by the wind
he went into his house. They hoisted him upstairs
in a chair lift, like a poet en route to the sky.
In the hospital they had diagnosed him with cancer.
No medicine could cure him of death.
His last steps went on beyond his poems.
His wife had gone to the supermarket early.
I was the foreign guest. A friend for years.
I had come to keep him company at his last lunch.
His appetite was insatiable, he wanted to devour life
to the point of indigestion, the point of unconsciousness,
as if his hands and eyes were starving.
Seated at the table I saw him attack herrings, eels,
oysters, mussels, potatoes, hams, cheeses, breads,
chocolate fondants, plum compotes, coffees,
speculaas cookies, puff pastries, and vanilla ice cream.
To sate his thirst, he drank gin, beer, white wine,
and, as if he needed it, with his eye he drank in the still
but elusive water of Amsterdam's canals.
His memory, scattered through solitudes and cities,
was pulled together into a present in the form of food.
"The clouds are Holland's mountains," I told him.
"Then I am a door," said he and went on eating
slices of life, pieces of poems,
his face's broken geography furrowed with wrinkles.
All this while a cold dark day came
in through the window and covered over his body.

BORGES FRENTE AL ESPEJO

El hotel de Morelia tenía un gran espejo.
Adquirido con un armario
en una tienda de antigüedades,
el espejo no tenía precio.
Una joven le abrió la puerta del cuarto,
depositó la maleta en el piso,
y salió.
Borges no dijo nada.
En duermevela se quedó sentado
junto a la ventana abierta.
El jardín olía a rosas.
Después de unos minutos,
el escritor ciego se levantó de la silla
y acercó su cara al espejo,
sin verse a sí mismo.
Pasó entonces la mano
por la lámina de vidrio,
y sintió su luna fría.
Luego volvió a la silla.

EL POETA BEATÍFICO

> *I think of you, Land of Weir,*
> *my house of water on the hill*
> *my dreams in a naked crowd*
> —Philip Lamantia, *Ekstasis*

Apareció una noche en un café de la Alameda,
los árboles estaban deshojados, acababa de pasar
el presidente de la República camino a Los Pinos
al frente de una caravana de vehículos blindados
y de motociclistas con gafas de sol.

El poeta beatífico se volvió con sorpresa para ver
esos vampiros solemnes salidos del Templo Mayor

BORGES IN FRONT OF THE MIRROR

The hotel in Morelia had a great mirror.
Acquired along with a wardrobe
in an antique shop,
the mirror was priceless.
A young woman opened the door to the room,
set his suitcase on the floor,
and went out.
Borges said nothing.
He remained seated, dozing
beside the open window.
The garden smelled of roses.
After a few minutes,
the blind author rose from the chair
and brought his face to the mirror
without seeing himself.
Then, he ran his hand
over the flat pane
and felt the cold looking glass.
Then, returned to the chair.

POET BEATIFIC

> *I think of you, Land of Weir,*
> *my house of water on the hill*
> *my dreams in a naked crowd*
> —Philip Lamantia, *Ekstasis*

He showed up one night at a café on the Alameda,
the trees were leafless, the President of the Republic
had just passed on his way to Los Pinos
leading a motorcade of bulletproof cars
and motorcyclists in sunglasses.

The poet beatific turned with surprise to see
those solemn vampires straight out of the Templo Mayor

de los sacrificios humanos de México-Tenochtitlan,
pues esos Dráculas conspiraban seguramente
para robar a los poetas su palabra y su *ekstasis*.

De una palidez lunar, no por enfermedad,
sino por el desvelo exigido por el verso,
y por los efectos de las drogas fumadas, ingeridas
y untadas, el poeta conseguía sus trances
en la pirámide del sol y la montaña solar.

No veía la eternidad en un grano de arena,
como Blake, ni hablaba con los ángeles
en las calles de Londres, como Swedenborg,
buscaba la iluminación en un plato roto
y en la penumbra de un cuarto en la calle de Oslo.

Una noche, en compañía de jóvenes que venían del Norte
buscando lo beatífico, subió a la torre de Televicentro,
que convertía a los hombres en cerdos mentales,
y desde arriba orinó la lluvia del coraje sobre sus estrellas
y sus policías, que lo miraban desde la banqueta.

El poeta beatífico se casó con una mujer que hablaba
la lengua de Rimbaud, pero no su poesía, en la pequeña
iglesia de Santa María, con un vestido azul y un collar
de perlas falsas. Su viaje de bodas fue un paseo por un
maizal con un paraguas negro para protegerse del sol.

Dos individuos de la Policía de Narcóticos robaron
su *ekstasis* un mediodía que lo detuvieron afuera
de la oficina de Wells Fargo, y le decomisaron el cuerpo
del delito, unos poemas, y en la cárcel para extranjeros
lo encerraron con hampones y guerrilleros cubanos.

Retratado de frente y de perfil fue deportado.
Los jueces sobornables, pero no sobornados por él,
le preguntaron en la cárcel migratoria: "¿Apellido
y nombre?" "Philip Lamantia." "¿Procedencia?"
"San Francisco." "¿Oficio?" "Poeta beatífico."

for human sacrifices in Mexico-Tenochtitlan,
well, those Draculas certainly were plotting
to rob the poets of their word and their *ekstasis*.

With his lunar pallor—not out of any sickness,
but from the late-night vigils verse demands,
and the effect of the drugs, smoked, ingested
and anointed—the poet brought on his trances
on the pyramid of the sun and the solar mountain.

He saw no eternities in a grain of sand
like Blake, nor conversed with angels
in the streets of London, like Swedenborg,
he sought enlightenment off a cracked plate
and in the penumbras of a room on Oslo Street.

One night in the company of youngsters who came from up North
on a quest for the beatific, he scaled the Televicentro Tower,
which turned men into mindless swine,
and from up there pissed a rain of anger on its star performers
and the security police, who peered up at him from the sidewalk.

In the little church of Santa Maria, in a blue dress
and string of fake pearls, a woman (who spoke
the language of Rimbaud, but not his poetry)
married the poet beatific. Their honeymoon trip was a walk
in a corn field, under a black umbrella to ward off the sun.

Two individuals from the Drug Squad stole
his *ekstasis* one noontime when they detained him outside
the Wells Fargo office, confiscated the corpus delicti,
a couple of poems, and locked him up in the jail for foreigners
with thugs and guerrilla fighters from Cuba.

Photographed front and side he was deported.
The bribable judges, though not bribed by him,
asked him in the immigration prison, "Surname
and first name?" "Philip Lamantia." "Place of origin?"
"San Francisco." "Occupation?" "Poet beatific."

CAUDA

a la hora de su muerte
dicen que Turner empezó
a mezclar los colores puros
con los rayos solares

soñó amarillos tiernos
azules cobaltos
y ángeles parados
a la orilla de una nube

con esa amalgama
de sombras animadas
y colores calientes dicen
hizo el más allá cercano
y lo lejano visible

SWEDENBORG

Swedenborg, en la hora del juicio final de nuestra época,
dime, qué es el hombre, ¿un vendedor de paraguas
caminando entre coches estacionados en el crepúsculo?
¿o una franelera limpiando con las manos los vidrios
de un automóvil que fumiga los charcos azules de Dios?

Tú que has ido por la calle con un abrigo de piel de reno,
zapatos con hebillas de distinto color y unos ojos
avellanados que vieron a los ángeles en las calles
de Londres, ven, te invito a recorrer conmigo
esta ciudad que devora a sus hijos,
y cuyo paisaje se ha vuelto parte de mí mismo.

Ven, verás a hombres colgados de puentes como alacranes
sin cabeza, y a niñas de pechos incipientes
como naranjas agrias vendiéndose en La Merced.

CODA

at the hour of his death
they say Turner began
to mix pure colors
with solar rays

he dreamed tender yellows
cobalt blues
and angels standing
at the edge of a cloud

with that amalgam
of animated shadows
and warm colors they say
he made what lies beyond close by
and the distant visible

SWEDENBORG

In the hour of the final judgment of our era,
tell me, what is man, an umbrella-seller walking in
between cars parked in the twilight, or woman car-
watcher washing by hand the windows
of a car fumigating the blue puddles of God?

You, who have walked the streets in a reindeer-skin
overcoat, shoes with mismatched buckles, and with hazel
eyes that saw angels in the streets of London,
come, I invite you to go with me around this city
that devours its children, and whose landscape
has become part of myself.

Come, you will see men hung from bridges like headless
scorpions, and young girls with budding breasts
selling themselves like bitter oranges in La Merced.

Y si al alba aún tienes energía, podrás ascender
a la cima blanca de la Montaña Humeante
y observar con ojos dorados a la Virgen Morena,

balbuciendo una plegaria de humo
al Sol espiritual,
en un último esfuerzo
por alcanzar la gracia.

EN TIEMPOS DE VIOLENCIA

En tiempos de violencia hay ángeles
que vuelan sobre las calles desoladas
como si llevaran alas en los pies,

con terminales de rayos en las manos
se configuran en los antros del alba
en busca de la materia gris de gente ejecutada;

corriendo por las carreteras alarmados,
no traen ropajes ni joyas celestiales,
ni caras fulgurantes ni voces musicales;

se sabe que están allí por una huella dorada
o por los dedos transparentes que acarician
una boca, una teta ensangrentada;

escapan de los retenes militares
y de las esposas de los policías federales,
acurrucados en el rincón de un baño,

o del clóset donde hay gato encerrado
saltan como una sombra
para dar agua a los ametrallados;

And if at dawn, you still have energy, you can climb
to the white summit of the Smoking Mountain
and observe with gilded eyes the Brown Virgin,

stuttering a prayer of smoke
to the spiritual Sun,
in a final effort
to attain grace.

IN VIOLENT TIMES

In violent times, there are angels
who fly over the desolate streets
as if wearing wings on their feet,

they turn up in the dives at daybreak
with blades of light at the ends of their fingers
searching out the gray matter of murdered people;

alarmed, and racing along the highways,
they wear no robes nor celestial jewelry;
they have no glowing countenance, no musical voices;

one learns they are there from a golden footprint,
or transparent fingers stroking
a mouth, a bloodied breast;

they escape the military roadblocks,
the handcuffs of the federal police,
they huddle in the corner of a bathroom,

or where there's a skeleton in a closet,
they spring out like a shadow
to give those mown down water;

con almohadas rellenas de nada
recorren los basureros de la madrugada.
donde reposa la cabeza de la mujer violada

En tiempos de violencia hay ángeles en esta nada.

POLÍTICO EN EL ESTADIO AZTECA, CROAR DE RANAS

Anno Domini 2012

El político sube a la tribuna, coge el micrófono, da un paso hacia delante, gira hacia todas las direcciones, observa la ola viva de camisas rojas que se levanta de las gradas, el alarido unánime que ahoga la música de las bandas, el inmenso vacío de ojos y de bocas que se sienta, él se concentra en sí mismo, toma aire, su cuerpo pequeño es magnificado en las pantallas, emite su discurso, suelta su imponente croar:

Brequequequéx coax coax brequequequéx coax coax

EL SANTO DE LOS NARCOS

El santo de los narcos
no hace milagros de vida,
como un mago financiero
hace prodigios de droga y muerte;

no tiene manos, tiene muñones
de sombra y sangre,
su boca con dientes de oro
le sirve para comerse a sí mismo;

sus ojos colapsados
no miran hacia fuera,
hacia dentro voleados
contemplan su propio vacío;

bearing pillows stuffed with nothing
they scour the garbage dumps of dawn
where lies the head of a raped woman.

In violent times, there are angels in this nothingness.

A POLITICAN IN AZTECA STADIUM, CROAKING OF FROGS

Anno Domini 2012

The politician goes up to the dais, picks up the microphone, takes a step forward, turns in all directions, observes the living wave of red shirts that rises in the stands, the unanimous roar drowning out the music of the bands, the immense void of mouths and eyes all around; he focuses on himself, takes a breath, his small body is magnified on the screens, he delivers his speech, lets out his commanding croak:

Brequequequéx coax coax brequequequéx coax coax

THE SAINT OF THE NARCO TRAFFICKERS

The saint of the Narcos
doesn't work miracles of life,
like a financial wizard
he does wonders with death and drugs;

he doesn't have hands, he has
bloody, black stumps,
the gold teeth in his mouth
help him eat himself;

his sunken eyes
don't look out,
turned inward they ponder
his own emptiness;

no conoce el comercio de la palabra,
en vez de hablar tira balazos al aire,
arroja bombas, descuartiza jóvenes,
viola mujeres, estrella carros;

el santo de los narcos no tiene pies,
tiene ruedas de plata para correr por la noche,
huyendo de todos y de todo
no escapa de su imagen en el espejo;

sus aviones varados en el crepúsculo
son insectos con las alas atrofiadas,
su sombra vestida de oro y plata
es una tumba abierta a lo desconocido.

EL AGENTE SECRETO

Controlar a la gente fue su oficio.
Oír conversaciones ajenas, su placer.
Fotografiar mujeres desnudas, su deleite.
Recorrer las calles en una camioneta blindada, su poder.
Llegar a una junta por la puerta trasera, su afición a la sorpresa.
Cambiar de traje varias veces al día, su moda personal.
Apagar las luces de la calle para entrar a un burdel, su discreción.
Él sabía cómo eran los otros, nadie sabía cómo era él.
Los nombres, los oficios, los géneros le daban igual.
Se escondía detrás de seudónimos, se camuflaba
con apodos, se refugiaba en la noche, vivía en casas
de seguridad, no tenía pasado, rostro propio.
Cuando se supo que lo habían matado, todos lo dudaron,
seguro el muerto era su secretario, su mellizo,
su sastre, su doble, y él estaba viviendo en el extranjero
con otro nombre, con otra cara, o andaba de juerga.
El agente secreto siguió operando, Su país era un país
mágico donde había asesinados, pero no asesinos.

not one for the business of words,
instead of chat, he shoots bullets into the air,
throws bombs, rapes women, carves
up youngsters, crashes cars;

the saint of the Narcos has no feet,
he has silver wheels to race through the night;
on the run from one and all, he makes
no getaway from himself in the mirror;

grounded, his planes are insects
with atrophied wings in the twilight;
dressed in silvers and golds his shadow
is a tomb open to the unknown.

THE SECRET AGENT

Controlling people was his job.
Overhearing other people's conversations, his pleasure.
Taking pictures of naked women, his delight.
Riding through the streets in an armored van, power.
Arriving at a meeting by the back door, his liking for surprises.
Changing suits several times a day, his personal fashion.
Turning off streetlights before going into a bordello, discretion.
He knew how others were, nobody knew how he was.
Names, positions, genders were all the same to him.
He hid behind pseudonyms, camouflaged himself
in nicknames, went to ground in the night, lived
in safe houses, had no past, no face of his own.
When it was learned they'd killed him, everyone had their doubts,
convinced the dead man was his secretary, his twin,
his tailor, his double, and he was living abroad
under another name, with another face, or simply living it up.
The secret agent went on operating. His country was a magical
one, where there were the assassinated, but no assassins.

EPITAFIO DE LUPE VÉLEZ

Soy Lupe Vélez, teibolera,
la muerte me agarró en paños menores
en el tablado de los perros fisgones.
No le guardo rencor a nadie.
Pero a nadie perdono, para mí
el prójimo fue un puto en pantalones.
Nacida en la calle, reposo en el sótano
de un antro tolerado por las autoridades.
Desamparada por los estados de la Unión,
mis leyes fueron Desesperación y Relación.
Rosa Tronchada en la Ciudad de los Depredadores,
de los que andan arriba y de los que nadan abajo,
no me arrepiento de mis actos,
sólo lamento mi estupidez,
me despido de los hijos de puta
siempre en junta, siempre de vacaciones,
a las 11 horas del 11 del mes 11 de 2011.

TRES POEMAS GOYESCOS

> *Here in Goya is the beginning of our modern anarchy.*
> —Bernard Berenson, durante una visita a los
> Goyas del Museo del Prado

1 *La guerra*

Esta guerra no es una guerra,
es una fiesta de balas con algunas bajas.
Todos son criminales (excepto los inocentes),
que iban a morirse de todos modos.
La crueldad, la tortura, la violación de derechos
humanos son normales en estas batallas.
El Marte Pacificador que atraviesa el país
dejando a su paso descuartizados y descabezados,
no es un monstruo, es un ciudadano responsable
que como ustedes y yo cumple con su deber.

EPITAPH FOR LUPE VELEZ

I'm Lupe Velez, table-dancer,
death grabbed me in my thong
on a stage for leering dogs.
I bear nobody no grudge,
but I forgive nobody either.
My fellow man was a whore in trousers.
Born on the street, I lay me to rest in a dive
the authorities choose to overlook.
Left to my own devices by the states of the Union,
my rules were Sexual Relations and Desperation.
Flat-broke Rosie in the Predator City
of the high-up and low-down,
I take back none of what I've done,
I only mourn my being so dumb.
I bid the sons of bitches goodbye
always at a meeting, always on holiday
at the eleventh hour of the eleventh day of the eleventh month of 2011.

THREE GOYAESQUE POEMS

> *Here in Goya is the beginning of our modern anarchy.*
> —Bernard Berenson, on a visit to the Goyas in
> the Prado Museum

1   *War*

This war is not a war,
it's a festival of bullets with a few fallen.
All are criminals (except for the innocents),
who were going to die anyway.
The cruelty, torture, violation of human
rights are normal in such battles.
Mars the Peacemaker—who crisscrosses the country,
leaving the quartered and the beheaded in his wake—
isn't a monster, he's a responsible citizen,
like you and me, doing his duty.

2   *El Coloso*

El bulto gigantesco de Huitzilopochtli
recorre el país sembrando pánico.
Todos los que lo ven, aterrorizados,
abandonan los cerros y los campos,
con la excepción de un asno,
que permanece impávido,
comiendo pasto.

3   *Nada*

Nada,
allí están los cuerpos tendidos
sobre un tapete de aguatinta.

Nada, tacos de buche, pecho
y pierna con salsa roja
aguardan en la mesa del carnicero.

Nada,
calcetines, medias, zapatos
pertenecen a nadies entrepernados.

Nada, esos cuerpos desfigurados
son el espectáculo de horror
del bar *Los Decepcionados*.

Nada, de la masa informe sale un sollozo,
se levanta una mano, se entreabre un ojo,
alguien abajo grita: "Soy yo".

Nada, todo es una alucinación auditiva,
un castañear de calaveras mordientes,
una ilusión de la mirada.

Nada.
Todo es nada.

2 *The Colossus*

The gigantic bulk of Huitzilopochtli
moves over the land, sowing panic.
Everyone who lays eyes on him
abandons the fields and hills, terrorized,
with the exception of an ass
who stays on, unperturbed,
eating grass.

3 *Nothing*

Nothing,
the bodies laid out there
on an aquatint rug.

Nothing, the maw, brisket,
and leg tacos waiting in red salsa sauce
on the butcher's slab.

Nothing,
the socks, the stockings, the shoes
belong to intertwined nobodies.

Nothing, those mutilated bodies
are the horror show
for Los Decepcionados bar.

Nothing, the sob rising from the shapeless
mass, the hand, the eye half opening,
someone underneath crying out, "It's me."

Nothing, all an auditory hallucination,
a clicking of mordant skulls,
a quirk of the eye.

Nothing.
It's all nothing.

CON CORRUPCIÓN

They have brought whores for Eleusis
Corpses are set to banquet
                    —Ezra Pound, *Canto XLV*

Con corrupción construyeron casas para los pobres,
pintaron paraísos falsos en los altares de las iglesias,
escribieron mentiras en los pizarrones de las primarias,
marcaron su rostro con el signo de la bestia de la codicia,
heredaron a sus hijos la rapacidad de sus padres,
con corrupción saquearon las tierras de sus ancestros,
ensuciaron las aguas a sus descendientes,
cortaron el árbol de la vida y las raíces de la ceiba madre,
desfiguraron las efigies de sus seres primordiales,
sus millonarios hicieron millones de pobres,
vendieron a sus hijas en los mercados sexuales,
convirtieron las fronteras en territorios venales,
volvieron el país un infierno de muerte,
por corrupción vendieron las perlas de la Virgen,
sentaron prostitutas en el altar de sus dioses,
trajeron criminales al banquete de sus jueces
y mandaron merolicos a la Casa del Canto

LA CALLE DE LAS VIDRIERAS

Al cuerpo en la jaula de vidrio,
los ojos de los peatones,
como el fuego a una figura de cera,
queman con la mirada.

Hurgada por el deseo descarado,
ella toca con las manos la pared transparente
sin tratar de escapar de sí misma, alquilada
su humillación como parte de la decoración.

WITH CORRUPTION

They have brought whores for Eleusis
Corpses are set to banquet
                    —Ezra Pound, *Canto XLV*

They built houses for the poor with corruption,
painted fake heavens over the church altars,
wrote lies on elementary school blackboards,
marked their face with the sign of the beast avarice,
passed on the rapaciousness of their fathers to their children,
with corruption they plundered the lands of their ancestors,
fouled the waters for their descendants,
cut down the tree of life and through the roots of the mother ceiba,
disfigured the effigies of their primordial beings,
their millionaires made millions of the poor,
they sold their daughters into the sex markets,
and turned borders into venal territories,
converted the country into a hellfire of death,
with corruption they sold the Virgin's pearls,
sat harlots at the altar of their gods,
brought criminals along to banquet with their judges
and sent hucksters into the House of Song.

THE STREET OF SHOWCASE WINDOWS

On the body in the glass cage,
like fire over a figure of wax
the eyes of the pedestrians
burn with their stare.

Dug into by brute desire
she touches the transparent wall with her fingers
not attempting to escape from herself, her humiliation
like part of the decor, for rent.

La luz del callejón viste de amarillo
el cuerpo público de la puta ensillada
(ojos, labios y pechos incluidos),
y el camastro y el tapete deshilado.

Atrapada su cabeza en la farola de vidrio
como una mosca negra revolotea su mirada,
mientras descubre que las manos del tiempo
han amoratado su trasero y aflojado su vientre.

Frente al tocador, la cara se le derrite,
el maquillaje y el tinte de pelo resbalan
por las mejillas, y una sustancia amarga
le cubre nariz y boca.

En la calle de las vitrinas y las ventanas rojas
ella parece un fantasma lúbrico, mientras su vecina,
becerra macerada, revela el deterioro físico
y emocional que ha sufrido por servir de orinal.

Como espantando avispas ella elude las miradas molestas.
Hasta que viene un cliente. Y por un precio
convenido se ofrece a meter su cabeza
en un armazón de madera como en una guillotina.

Mas de repente rompe la jaula de vidrio,
y trata de escapar hacia ninguna parte. En vano.
Porque la calle es su jaula, la jaula su mente,
y dondequiera que vaya seguirá enjaulada.

AMSTERDAM, ANNO DOMINI 2011

The alleyway light clothes the body
public of the seated sex worker in yellow
(eyes, lips, breasts included),
ramshackle bed and frayed carpet.

Head trapped in this glass lamp
her look buzzes around like a black fly
while she discovers how the hands of time
have left her belly slack and bruises on her rear end.

In front of the dressing table her face melts,
the hair dye and makeup slide down
over her cheeks, and a bitter dross
covers her nose and mouth.

In the street of showcase and red-lit windows
she seems like a salacious ghost, while her neighbor,
a macerated heifer, displays the physical and emotional
wear and tear she has suffered by serving as a urinal.

As if shooing off wasps she eludes the pesky looks.
Until a client comes. And for an agreed
sum she offers to put her head in a wood frame
like into a guillotine.

But all of a sudden, she breaks the glass cage
and attempts an escape anywhere. No use.
Because the street is her cage, the cage is her mind
and wherever she may go she will still stay caged.

AMSTERDAM, ANNO DOMINI 2011

CIUDAD SIN SUEÑO

No duerme nadie por el cielo.
—Federico García Lorca, "Ciudad sin sueño"

No duerme nadie en la ciudad del crimen.
El miedo atraviesa los párpados cerrados.
La ansiedad sella los labios escondidos
en sótanos de silencio, mientras
patrulleros asesinos hacen sus rondines.

En motos negras, jinetes pálidos recorren
la avenida sin alumbrado. No llevan guadañas.
Llevan metralletas, pistolas y granadas. Sus bocas
saben a semen, ceniza y pólvora. Y a mariposas ciegas.

No duerme nadie en la ciudad del hombre.
Las calles son un cementerio al aire libre,
un campo de soledad donde pastan los huérfanos
su hambre de cada día. Sobre las lápidas, entre perros
aullando, la muerte baila sin música un paso doble.

PISTOLA

Soy una sierpe de pulido acero.
Mi forma de flauta no es gratuita.
Guardo mi sueño aleve en un cajón
del cuarto o lo llevo escondido,
debajo de la ropa o en un bolsillo.
Obediente a la mano, cómplice del crimen,
el tambor que gira a vuelta de gatillo
coloca una nueva bala en la recámara
ante el percutor que hace de destino.
Casual asomo en la penumbra,
o aparezco en medio de la fiesta
para perforar una frente despejada
o dar un beso de plomo a una boca pintada.

CITY WITHOUT SLEEP

In the sky, no one sleeps.
—Federico García Lorca, "City without Sleep"

No one sleeps in the city of crime.
Fear creeps in under closed eyelids.
Anxiety seals the lips of men
hiding out in basements of silence
while killer patrolmen make their rounds.

Mounted on black motorbikes, pale riders rake up and down
the unlit avenue. They carry no scythes,
they carry machine guns, pistols, and grenades.
Their mouths smack of semen, ashes, and dust. And blind butterflies.

No one sleeps in the city of man.
The streets are an open-air graveyard,
the field of loneliness where the orphans graze
their day-to-day hunger. On the tombstones, among
howling dogs, to no music, death dances a paso doble.

REVOLVER

I am a serpent of polished steel.
My shape like a flute's isn't accidental.
I sleep my treacherous sleep in a drawer
in a room or carried outside, hidden
under the clothes or in a pocket.
Obedient to the hand, accomplice to the crime,
my cylinder, revolving at a flip of the trigger,
places a fresh bullet in the chamber
in front of the firing pin that forges destiny.
I turn up casual-like in the half-light
or right in the middle of the party
to put a hole in an unwitting forehead
or kiss a painted mouth with lead.

Nacida del puñal y de la daga,
tal vez en Pistoia, Browning High Power,
Beretta, Colt o Parabellum, un día
me volveré contra la mano que me agarra
y con pólvora negra cubriré la cara
del hombre avieso que me dispara.

SÓCRATES EL TOMATERO

Sócrates Evangelatus,
productor de tomates,
hijo de inmigrantes griegos
huérfanos de Esmirna,
llegó a Culiacán en 1929,
y en Guasave se casó
con Afrodita Stamatis,
hija del dueño de Sinaloa Growers, S.A.

Dedicado a la producción
de tomates de exportación,
en su vejez fue raptado
por el cártel de Sinaloa.
Su familia pagó el rescate
a un policía enmascarado.
Pero fue secuestrado de nuevo
por otro policía enmascarado.

Pagado su rescate,
otra vez fue plagiado.
Pero ahora apareció muerto
en un campo de hortalizas.
Su cuerpo espolvoreado con harina
como una escultura de mármol blanco
hecha por un Fidias del altiplano.
La cabeza nadie pudo encontrar.

Born of the dirk and the dagger,
in Pistoia perhaps—Browning Hi-Power,
Beretta, Colt or Parabellum—one day
I will turn on the hand that grips me
and paste the face of the twisted man
who fires me with black powder.

SOCRATES THE TOMATO GROWER

Socrates Evangelatus,
tomato grower,
son of Greek immigrants
orphans of Smyrna,
arrived in Culiacan in 1929
and in Guasave he wed
Aphrodite Stamatis,
daughter of the boss of Sinaloa Growers, S.A.

Dedicated to the production
of tomatoes for export,
in his old age he was abducted
by the Sinaloa Cartel.
His family paid his ransom
to a policeman in a mask.
But again he was kidnapped
by another policeman in a mask.

His ransom paid,
he was snatched once more
but now turned up dead
in a field of green vegetables,
his body dusted with flour
like a white marble sculpture
wrought by some upland Phidias.
Nobody could find the head.

Ni las Erinias míticas.
Ni su amada Afrodita
de andar lento,
chichis fláccidas y pelo blanco.

DESNUDEZ

Sin nombre, sin zapatos,
sin paraguas, sin dinero,
con ropas delgadas,
en el cruce de Homero y Molière,
niña bajo la lluvia.
Por aquí y por allá,
ofrece ramos de flores,
estira la mano mojada
a los coches que pasan
sin dar nada.

EL GRAN TLATOANI

> "Tlatoani, *hablador, o gran señor.*"
> —Alonso de Molina, *Vocabulario*
> *en Lengua Castellana y Mexicana*

Rompan el mapa del país,
comience el luto nacional:
ha muerto el gran *tlatoani*.
El dueño de playas, palacios,
estadios, minas y casas de bolsa,
entregó el equipo.
El propietario de perros de caza,
jueces, prostitutas y centros comerciales,
clavó el pico.
Aquel que esculpió su imagen en el agua,
erigió altares para adorarse a sí mismo,
y le rompía la espina dorsal a cualquiera,

Not the mythic Erinyes.
Not his beloved Aphrodite
of the slow gait,
flaccid tits and white hair.

NAKEDNESS

Nameless, shoeless,
umbrella-less, penniless,
in the thinnest clothes
at the junction of Homero and Molière,
little girl in the rain.
This way and that way,
she offers bunches of flowers,
she stretches out her wet hand
to the cars that pass
without giving a thing.

THE GREAT TLATOANI

> *"Tlatoani, speaker, or great ruler."*
> Alonso de Molina, *Vocabulary*
> *in the Castilian and Mexican Languages*

Rip up the map of the country,
let national mourning begin,
the great *tlatoani* has died.
Proprietor of beaches, palaces,
stadiums, mines, and brokerages,
he cashed it all in.
The owner of hounds, judges,
prostitutes and malls,
he bit the dust.
That same—who carved his image on the water,
raised altars to self-worship at,
and broke the back of whomever—

dio el último graznido.
El tirano que gobernó con mano de hierro,
mudó de personalidad como de traje,
llamó cambio de opinión a la traición,
yace amortajado.
El vástago de la genealogía Mexica,
descendiente de "Escudo humeante",
"Pluma de colibrí", "Excremento divino",
dejó huérfano a su pueblo.
No murió acuchillado ni estrangulado,
ni de consunción, indigestión, respiración jadeante,
ni ahogado en el mar de las riquezas mal habidas,
murió de muerte sexenal.
Tóquenle *Las golondrinas*,
su sucesor le sacó el corazón
durante la transmisión de poder
en la piedra de los sacrificios del Palacio Nacional.

MAGIA

El cántaro estaba junto a la tinaja.
La lluvia bailaba sobre las losetas.
Alguien aventó una piedra
y el barro cayó al piso.

El agua no se derramó.
Por un instante eterno
se quedó en el aire
con su forma de cántaro.

has croaked.
The tyrant, who ruled with an iron hand,
changed personas like a suit of clothes,
called difference of opinion treason,
is laid out in a shroud.
The scion of Mexican genealogy—
offspring of "The Smoking Shield,"
"Feather of the Hummingbird," "Divine Excrement"—
left his people orphaned.
He didn't die of a knifing or strangulation,
consumption, indigestion, panting for breath,
nor did he drown in his ocean of ill-gotten riches,
he died the death of his six-year term.
Let them play *Las golondrinas*, his successor
cut out his heart in the Palacio Nacional
on the sacrificial stone
at the transfer of power.

MAGIC

The jug was beside the jar.
Rain danced on the flagstones.
Somebody threw a stone
and the broken clay fell to the floor.

The water did not spill.
For one eternal moment,
it stayed in the air,
in its form as a jug.

UN POEMA ES COMO UNA PUERTA

un poema es como una puerta
por la que nunca hemos pasado

una puerta que da a un cuarto
cuya forma no hemos imaginado

un laberinto de puertas
que dan a un infinito
que nunca hemos soñado

RUINAS DEL LENGUAJE

Dicen que Heráclito dijo en fragmentos
(que son ruinas del lenguaje)
que nadie se bañará dos veces en el mismo río,
pero es difícil constatar lo que dijo Heráclito,
porque ese río desapareció y Heráclito desapareció,
y porque aquellos que dijeron que Heráclito dijo
que nadie se bañará dos veces en el mismo río
también desaparecieron.

ODISEA

De pie en la cueva de los cinco pétalos
en el centro de la pirámide de piedra
me ocultaba en la oscuridad de mí mismo
por miedo a que los dioses me arrojaran
al fuego con que comenzaba la quinta era
pero una fuerza irresistible me impelió a salir
y arrastrándome por el largo corredor
del canal del nacimiento salí al aire
a la luz del Sol.

A POEM IS LIKE A DOOR

a poem is like a door
we've never passed through

a door that opens onto a room
whose shape we've never imagined

a labyrinth of doors
that open onto an infinity
we've never dreamed of

THE RUINS OF LANGUAGE

They say that Heraclitus said in fragments
(that are the ruins of a language),
nobody can bathe twice in the same river,
but it is hard to corroborate what Heraclitus said
because that river disappeared, and Heraclitus disappeared,
and because those who said Heraclitus said
nobody can bathe twice in the same river
disappeared as well.

ODYSSEY

Standing in the cave of the five petals
in the center of the stone pyramid
I hid in the dark of my own self
for fear the gods would hurl me
into the fire with which the Fifth Sun commenced,
but an irresistible force impelled me to come out
and dragging myself through the long passageway
of the birth canal, I came out into the air
into the light of the sun.

LA INFINITA MELANCOLÍA DE DIOS

Pienso en la infinita melancolía de Dios,
en el Solitario del universo girando en Sí mismo
en su orbe de paredes azules y tinieblas translúcidas.
En su laberinto de seres y soles,
su Conciencia, nunca dormida nunca despierta,
vela en la eternidad del presente y del olvido.
En el aquí lejos y en el allá cerca escucha la plegaria
del hombre, la canción del océano, las sombras de los astros,
los mundos a medio hacer y las construcciones de lo efímero.
Nadar a contracorriente por el tiempo sin orillas,
sopesar en el espacio la luz irrepetible,
sentir en el vacío el reflejo del Ojo aluzinado, es Su saber.
Crear, es el oficio del *Miglior fabbro del parlar eterno,*
que nadie escucha, pero todo mundo explica,
que nadie ve, pero en Él todo nace y expira.
El hombre, huérfano de Dios, pedazo de miedo
rodeado de nada, ciego bajo la luz, no puede concebir
el Cuerpo incesante-mente creándose a Sí mismo.
En la cápsula de tiempo en la que estoy metido,
imagino cómo sería ser el Ser que se expande por el universo
en expansión, el Habitante de cada criatura y cada mundo.
El Ojo compasivo, el Ojo consciente-sensible-vivo
que todo percibe, todo piensa y todo siente,
el Ojo más viejo que el Sol, el Ojo que no se cierra.
El Ser de las auroras lúdicas y de las tardes lúcidas,
el Ser que sobrevive a la soledad de Sí mismo,
el Ser que revela y oculta su Misterio.
El Ser, que en el mundo de las criaturas condenadas
a muerte, embarga una tristeza sin razón ni límites;
el Ser Antiguo, el Ser Último, el Ser Presente,
el Cerebro que siente y el Corazón que piensa,

THE INFINITE SADNESS OF GOD

I am thinking of the infinite sadness of God,
of the Solitary one of the universe circling within Himself
in his sphere of blue walls and translucent twilights.
In his maze of beings and suns,
his Consciousness, never sleeping never waking,
keeps watch over an eternity of the forgotten and the present.
In the here far-away and yonder nearby he listens in to the prayers
of men, the song of the ocean, the shadows of heavenly bodies,
the half-made worlds, and constructions of the ephemeral.
Swimming against the tide of time that has no shores,
weighing up the unrepeatable light in space, feeling
out the reflection of the uncanny Eye in the void are His to know.
Creating is the job for the *Miglior fabbro del parlar eterno*,
who no one hears, but the whole world explains,
who nobody sees, but in Him all is born and expires.
Orphaned of God, man—a smidgeon of dread,
surrounded by nothing, blind beneath the light—cannot
conceive of the Body incessantly creating Itself.
In this capsule of time where I am set, I imagine
how it would be to be the Being who expands into the expanding
universe, the Inhabitant of all creatures and all worlds.
The compassionate Eye, the conscious-feeling-living Eye
that perceives all, is thinking all and senses all,
the Eye much older than the Sun, the Eye that never closes.
The Being of the playful dawns and lucid eventides,
the Being that survives the solitude of His own Self,
the Being that brings forth and hides away His Mystery,
the Being, that in a world of creatures condemned
to die, suffers a limitless and senseless sadness;
the Ultimate, the Age-old Being, the Being Present,
the Brain that feels and the Heart that thinks,

el Morador del agujero negro, esa bilis
que capta lo mismo al Sol en su cenit que en su nadir,
a la abeja en la flor y al quetzal en su extinción.
Me pregunto cómo sería ser Él,
el Ser de la presente ausencia,
el Ser de la Poesía de la existencia,
el Ser que mirándose a Sí mismo
mira en todo cuerpo y toda cosa
la sonrisa infinita de la Luz.

SOLO SOLO RODEADO DE SOLES DIOS EN SU
INFINITA MELANCOLÍA

LABERINTOS VERTICALES

> *La piedra que desecharon los edificadores*
> *Ha venido a ser cabeza del ángulo.*
> —Salmo 118

Torres, ruinas elevadas, alzadas contra el horizonte.
Pajareras con fecha de caducidad.
      Construcciones coronadas
por el aire airado y la lluvia ácida.
      Escaleras que ascienden
y descienden por vacíos interiores.
      Límites que dividen el mundo superficial
del Inframundo y del laberinto eterno.
      Elevadores que viajan con su carga
al precipicio del abajo y el mañana.
      Cámaras, silencios encapsulados,
vidrios que refractan la mirada.
      Cuartos sobre cuartos, oficinas sobre abismos
donde el presente se escapa como un gemido.
      Esclavos atados a un escritorio y a un horario de plomo;
documentos en mano, pisando el tapete del olvido,
      en el umbral de lo obsoleto y lo perdido,
pues el trámite ha vencido.
      Secretarias ansiosas de domingo, con el culo aplanado, soñando
entre máquinas palpitantes y lápices decapitados.

the Dweller in the black hole, that black bile
that sucks the Sun in at its nadir the same as at its zenith,
the bee on the flower and quetzal at its extinction.
I ask myself how it might be to be Him,
the Being of the present absence,
the Being in the Poetry of Existence,
the Being who looking at Himself
in every body and in every thing sees
the infinite smile of Light.

ALONE ALONE SURROUNDED BY SUNS GOD IN HIS
INFINITE SADNESS.

VERTICAL MAZE

> *The stone which the builders refused*
> *is become the head stone of the corner.*
> —Psalm 118

Towers, ruins raised, lifted up against the horizon.
Bird coops with an expiry date.
    Constructions crowned
by angry air and acid rain.
    Stairs that go up
and down through vacancies inside.
    Boundaries dividing the surface world
from the World Below and the internal labyrinth.
    Elevators that travel with their load
to the cliff face of what's down below and tomorrow.
    Cameras, encapsulated silences,
windows that refract a look.
    Rooms upon rooms, offices above abysms,
where the present slips out like a moan.
    Bond slaves to a desk and leaden work week;
documents in hand, pacing the carpet of the soon forgotten,
    on the threshold of the lost and obsolete,
for the paperwork has expired.
    Secretaries, anxious for Sunday, flat on their bottoms dreaming
between pounding typewriters and broken pencils.

Cubículos de techo bajo, piso plastificado
y materiales eléctricos en forma de serpiente.
Corredores que llevan a la ciudad sin noche,
a incineradores, a arañas solitarias y al abismo de uno mismo.
Puertas que se abren a puertas cerradas
sobre sótanos de hormigón y medidores de sombras,
sobre entradas y salidas giratorias
y sobre gentes encerradas en su impropia nada.
Ruinas elevadas, precipicios disimulados, gimnasios
y salones con tableros de ajedrez en perpetua soledad.
Ventanas, cientos de ventanas mirando a cerros mutilados
y camiones cargados de escombros
camino de fosas clandestinas, donde el mosquito anida
y el ego se pudre entre espejos que se miran a sí mismos.
Hoyos negros que encubren vacíos tragándose todo anhelo.
Cuando se vengan abajo, cuando el tiempo los haya derrumbado,
como a dioses mezquinos, sus adoradores los abandonarán.
Entonces, soló entonces, el prisionero
de los laberintos verticales abrirá la puerta,
donde no hay paso al infinito.

TRECE AÑOS Y MEDIO

Tú ponías en tu cuaderno un mar
tú pintabas en la pizarra una Medusa
por la ventana del salón de clases
tú veías mariposas en el cerro.
Los amigos corrían por el patio
metiendo goles en las porterías del aire;
tú medías el vacío entre cuerpo y cuerpo
o jugabas ajedrez con caballos y sombras
'¿Cuántos años tienes?', preguntó Minerva.
'Trece y medio', contestaste.
El medio era importante, porque te hacía
sentir mayor y menor al mismo tiempo.

Cubicles with low ceilings, vinyl coated floors
and electric cables coiled like snakes.
Corridors leading to a city with no night,
to incinerators, to solitary spiders and one's abysmal self.
Doors open to closed doors
over cement basements and the meters measuring shadows,
onto revolving entrances and exits
and onto people shut into their inapt nothingness.
Elevated ruins, hidden precipices, gyms
and rooms with chess boards in perpetual solitude.
Windows, hundreds of windows, looking out on mutilated hills
and trucks loaded with debris
en route to clandestine dumps, where mosquitoes nest
and the ego rots away between mirrors that stare at one another.
Black holes covering up voids that suck in every desire.
Once brought down, once time has demolished them,
like nasty gods, their worshippers will desert them.
Then, only then, will the prisoner
in the vertical maze push open the door
where there is no way out into the infinite.

THIRTEEN AND A HALF

You put a sea into your exercise book
you drew a Medusa on the blackboard,
through the classroom window
you saw butterflies on the hill.
Friends were running in the playground
sinking goals between the goalposts of thin air;
you measured the space between body and body
or played chess with knights and shadows.
"How old are you?" Minerva asked.
"Thirteen and a half," you answered.
The half, important, for it made you feel
both older and younger at the same time.

Comparaste anatomías y saliste perdiendo:
la hija del jefe de estación estaba floreciendo,
llenaba la calle con su vestido verde,
sus zapatos rojos y sus tobilleras blancas.
Tú querías apresar sus ojos almendrados,
sus rodillas raspadas, su pecho palpitante;
tú atisbabas los muslos de esa compañera
con cara de estar mirando el presente lejano.
'Dicen que no se sienten las despedidas,
dile a quien te lo dijo que se despida',
una tarde ella te dio un beso en el aire,
viendo hacia otra parte.
Con mejillas de fuego saliste de la escuela,
oíste los berridos de ternera herida de una chica
jugando con los chicos a las escondidas.
Un domingo ella se fue del pueblo.
Llegaron las lluvias. Sucedió el olvido.
Tú y Minerva tenían trece años y medio.

INSOMNIO

Todo comenzó con las imágenes,
que yo temía perder al cerrar los ojos,
y al abrirlos no estuviesen allí.

Todo siguió con las yeguas de la noche
que desbocadas corrían por las calles
rompiendo puertas y paredes.

Todo continuó con las quimeras,
despiertas bajo las lunas negras,
fluyendo por el rio de la poesía.

Todo sucedió en la noche interior,
en el tiempo prenatal, en los talleres de la resurrección,
cuando era vulnerable a los apagones de la conciencia.

You compared anatomies and you came out the loser:
the stationmaster's daughter was blossoming
and—in her green dress, red shoes, and white
bobby socks—filled the street.
You wanted to hold on to the almond shape of her eyes,
her skinned knees, the beating of her breast;
you peeked at that classmate's thighs
as if you were looking at a distant present.
"They say you never feel sorry about goodbyes,
tell whoever told you that to say goodbye,"
one afternoon, she blew you a kiss in the air,
looking elsewhere.
Cheeks on fire you came out of school,
you heard a young girl bawling like a wounded calf,
playing hide-and-seek with the boys.
One Sunday Minerva left town.
The rains came. The forgetting happened.
Minerva and you were thirteen and a half.

INSOMNIA

It all began with the images
I was afraid to lose on closing my eyes
that might not be there on opening them.

It all went on with the bolting night-
mares that ran through the streets
knocking down doors and walls.

It all kept up with the chimeras,
awakened under the black moons
flowing along the river of poetry.

It all took place in the night within me,
in prenatal time, in the workshops of the resurrection,
when I was prone to blackouts of conscience.

Todo comenzó antes de que yo naciera,
en el mundo de los seres contingentes,
cuando estamos expuestos a la sed y la orfandad.

Todo comenzó con el largo insomnio
del infinito dentro de nosotros,
que nos seguirá en la tumba.

UNEXPLAINED PHENOMENA, 1

Tormenta de rayos. No nubes.
A cada trueno lluvia de resplandores.
En el pasto un beisbolista ebrio.
Por el Great Lawn viene una figura
ni mujer ni hombre, el hermafrodita antiguo.
Avanza como si volara sobre la hierba seca,
sus pies en movimiento como raíces de aire,
sus brazos hacia abajo como prendiendo fuegos,
su cabeza un círculo, ojos incandescentes.
Al llegar a mí, la figura fantástica,
como volando hierbas, como quebrando ruedas,
se desvanece en el ayer presente.
Tormenta de rayos. No nubes.

CENTRAL PARK, 2014

MIGRANTES DE VIAJE

La tribu famélica persigue la quimera
de llegar al Norte con sus hijos lactantes,
defendiéndolos de los lobos humanos.
      Sobre el techo del tren *La Bestia*
los migrantes observan el paisaje viscoso
y las jóvenes cierran las piernas al acoso.
      El maquinista es un narco, el cobrador un coyote,
el funcionario un pederasta, y en las negras
estaciones las viajeras se pierden en la noche.

It all began before I was born,
in the world of the contingent beings,
when we are exposed to thirst and being orphaned.

It all began with the long insomnia
of the infinite inside of us,
which dogs us to the grave.

UNEXPLAINED PHENOMENA, 1

A storm of lightning bolts. No clouds.
At each thunderclap, a rain of radiances.
A drunken baseball player out on the grass.
Across the Great Lawn comes this figure,
neither woman nor man, an ancient hermaphrodite.
It advances as if it were flying over the parched grass,
its feet moving like roots of air,
its arms down, as if lighting fires,
its head a circle, eyes incandescent.
On coming right up to me, the fantastic figure
vanishes into a present yesterday
like flying grass, like buckling wheels.
A storm of lightning bolts. No clouds.

CENTRAL PARK, 2014

MIGRANTS ON THE WAY

Defending them from human wolves,
the famished tribe pursues the illusion
of making it to the North with their breastfeeding children.
        On the roof of the train *The Beast*,
the migrants observe the sticky lay of the land
and young women shut their legs on the harassers.
        The engineer is a Narco, the conductor a coyote,
the clerk a pederast, and, in the pitch-black
stations, the women travelers are lost in the night.

A través de la lluvia y el viento
los ilegales pasan cerros y campos arrasados,
muertos de sed, un sol feroz golpea sus rostros.
 Hasta que, al fin, exhaustos y hambreados,
vislumbran el muro de concreto, protegido
por cancerberos armados de tinieblas.

LA HORMIGA

Los reflectores magnificaban su tamaño.
Las cámaras de televisión mejoraban su imagen.
Los altavoces mugían su nombre.
Sus retratos colgaban de los muros de piedra
del salón de actos del Palacio Nacional.
Los ministros, los empresarios, los periodistas
y los invitados de honor ocupaban su lugar.
Los cuerpos de seguridad vigilaban balcones,
ventanas, puertas y pasillos.
El maestro de ceremonias anunció su llegada.
Todos se pusieron de pie.
Hizo su entrada la leyenda:
Una hormiga.

A BETTY, UN POEMA OTOÑAL DE AMOR

Ruede el amor por los campos de la tarde
como en tus ojos ruedan los soles cotidianos.
Descienda el amor en tus brazos como baja
la lluvia la escalera con rodillas dobladas.
Rueden las horas en tus ojos fugaces,
como si se quedaran detenidas en las manos sin cuerpo.
Creo en las imágenes que pasan por la ventana hacia
el olvido, porque aparte de lo que se va no hay otra cosa.

No te amo por lo que eres,
sino por lo que yo soy cuando estoy contigo.

29 DE AGOSTO DE 2017

Through wind and rain,
the illegals go past hills and wasted fields,
dying of thirst, a fierce sun beating down on their faces.
     Until, at last, hungering and exhausted,
they catch sight of a concrete wall, their goal
defended by hellish keepers armed with darkness.

THE ANT

The spotlights magnified his size.
The television cameras improved his image.
The loudspeakers brayed his name.
His portraits were hung on the stone walls
of the Great Hall in the National Palace.
Ministers, business types, reporters,
and guests of honor filled the place.
Security guards kept watch on the balconies,
windows, doors, and hallways.
The master of ceremonies announced his arrival.
Everyone stood up.
The legend made its entrance:
An ant.

FOR BETTY, AN AUTUMNAL POEM OF LOVE

Love roams the afternoon fields
as the everyday suns roam in your eyes.
Love falls into your arms like rain
comes down the steps on bended knees.
The hours roam in your elusive eyes
as if bodiless hands were holding them back.
I believe in images that pass by the window toward
forgetting, for apart from what passes on, there is nothing else.

I don't love you for what you are,
but for what I am when I am with you.

AUGUST 29, 2017

135

MEXICO CITY DREAMING

La ciudad flota en un sueño antiguo,
el sol en sus luces ebrias.
Bajo el azul turquesa,
el sacerdote muerto va arrojando sombras
y piedras detrás de él.
En su romance otoñal los volcanes
están soñando serpientes aladas.
Hoy como hace mil años la Mujer Dormida
tiene el Cuerpo de lumbre y el Corazón herido,
la sangre de su Camisa se derrama
sobre muslos verdes y jaguares pétreos.
De los Pies a la Cabeza, pasando por la cintura,
Pechos como lunas negras, y un Ombligo
que se alza sobre su propio abismo.
Los Ojos de la Volcana inmensa,
rojos de crepúsculo, miran a la Luna,
y la Luna la contempla a ella.
México está soñando dos eternidades muertas.

LA POESÍA LLAMA

Las llamas del poema iluminarán tu noche,
los verbos de sus cenizas arderán en tu principio.
Todo yo seré ella, toda ella seré yo.
Los dos seremos un cuerpo en combustión
que da a luz a la muerte.
Muerto el yo, la poesía,
huérfana de palabras
abrirá las puertas del misterio.

MEXICO CITY DREAMING

The city floats in an ancient dream,
the sun in its drunk lights.
Beneath a turquoise blue,
a defunct priest goes tossing shadows
and stones behind him.
In their autumnal romance the volcanoes
dream of winged serpents.
Today, as a thousand years ago, the Sleeping Lady
has a wounded Heart and a Body of fire,
the blood from her Blouse spills
over green thighs and stone jaguars.
From Feet to Head, past the waist,
Breasts like black moons, and a Navel
that swells up out of its own abyss.
The Eyes of the immense Volcano,
reddened with the twilight, gaze upon the Moon,
and the Moon dwells on her.
Mexico is dreaming two dead eternities.

POETRY CALLS

The poem's flames will light up your night,
the verbs in its ashes will burn in your beginning.
All of me will be her, all of her will be me.
We two will be one body burning up
that gives birth to death.
The "I" dead, poetry,
bereft of words,
will lay open the doors to the mystery.

LA SOLITARIA DEL ÚLTIMO TRANVÍA

En el transporte público
de la vida y la muerte,
la pasajera del último tranvía
atravesaba la ciudad sin agua.

Los árboles estaban muertos,
el Espíritu Santo, el aire,
se había escondido en la nada.

Ella, como un ángel sin alas,
iba en el último tranvía
que avanzaba con las luces apagadas.

Todos habían abandonado la ciudad,
excepto ella, la Luz, que había venido
para ver el infierno en que los hombres
habían convertido la tierra.

CARPE DIEM

Triste la mañana del miércoles y triste la del viernes.
Más triste mi rostro en el espejo, huérfano de mí.
Pues no hay peor cosa para el ánimo que abandonar
un sueño para meterse en la sombra que llamamos cuerpo.
Como araña la muerte babea los días.
Como ilusos colgamos corazones de luz en las paredes
y ponemos panes de amor sobre la mesa.
La vida es un parpadeo,
un fulgor entre dos eternidades muertas.
No sé si seré feliz mañana.
Ahora soy nada, soy inmortal.

THE LONE WOMAN ON THE LAST TROLLEY

On life and death's
public transit, the woman
passenger on the last trolley
crossed the waterless city.

The trees were dead,
the Holy Ghost, air, had gone
into hiding in the nothingness.

She, like an angel with no wings,
took the last trolley
that moved ahead with its lights out.

Everybody had abandoned the city,
save for her, Light, who had
come to see the inferno
men had made of the earth.

CARPE DIEM

Sad Wednesday morning and sad Friday's.
Sadder my face in the mirror, me forlorn.
There is nothing worse for the spirits than to come
out of a dream, to put oneself into the shadow we call a body.
Like a spider, death drools the days.
Like dreamers we hang hearts of light on the walls
and we put the loaves of love on the table.
Life's a blink of the eye,
a glimmer between dead eternities.
I don't know if I will be happy tomorrow.
Now I am nothing, I am immortal.

EL PULPO

El pulpo en el acuario de Coney Island estaba enmurado.
Día y noche acomodaba su cuerpo en la jaula de vidrio.
En esa prisión de agua no ancha no larga donde era exhibido,
apenas cabía. Como en un castigo mitológico, removía
su saco-cuerpo, extendía-recogía sus tentáculos.
Sus ojos acuosos miraban sin mirar las fronteras de vidrio,
pobre criatura caída en la nada de sí mismo.

JOSEFINA, PRIMER DÍA

El pequeño rostro recostado
en el pecho de la madre.
La boquita en forma de flor
que un temblor entreabre.
La nariz breve que inhala
al antiguo y nuevo aire.
Los ojos deslumbrados por la luz
atisbando entre los párpados.
Solo por un momento, porque ella vuelve
al sueño prenatal que todo envuelve,
al sueño reparador que llega luego
del largo viaje por el canal del nacimiento.
Y ella, Josefina, la alumbrada,
duerme con la profunda felicidad
de quien ha conocido el aire.

NOCTURNO DE LA TORTUGA LAÚD

Del mar oscuro surgió la diosa.
Con aletas mojadas cavó en la arena.
Entre los edificios negros puso cien huevos.

THE OCTOPUS

The octopus in the Coney Island aquarium was walled in.
Day and night, it adjusted its body to a glass jail.
In that prison of water not wide, not long, where it was on exhibit,
it barely fit. Like in some mythic punishment, it shifted
its sack-body about, tentacles expanding-contracting.
Its watery eyes looked without looking at the frontiers of glass,
poor creature dropped into the nothing of itself.

JOSEPHINE, DAY ONE

The little face laid on
the mother's breast.
The tiny flower-shaped mouth
that a quivering half opens.
The short nose that inhales
the air, ancient and new.
The eyes dazzled by the light
peeping out behind the eyelids.
Only for a moment, for she goes back
into the prenatal dream enveloping
everything, the revitalizing dream that comes
after the long journey through the birth canal.
And she, Josephine, new-born into the light,
sleeps with the profound happiness
of one who has come to know the air.

NOCTURNE OF THE LEATHERBACK TURTLE

Out of the dark sea surged the goddess.
With wet flippers she dug into the sand.
Before the darkened buildings she laid one hundred eggs.

Vieja como la luna regresó al océano.
En la playa negra nadie escuchó la música
de los claros sin luna que dejó en la arena.

EL ARPISTA CIEGO

En el desierto de las dos de la tarde,
cuando la gente come su ansiedad,
el niño se acercó al arpista ciego.
  El rapsoda, que iba de pueblo en pueblo,
estaba en una banca tocando en un arpa
con manos negras corridos de otredad.
  Recio el calor, el rasgueo más intenso.
Cuando llegó el autobús, él guardó silencio.
En su bolsillo buscó monedas, pero sólo halló migas de pan.
  El niño le dio cinco pesos para el pasaje.
Y el arpista ciego se fue: Único pasajero
en la última corrida de la tarde.

LOS SIGNOS DEL JUICIO FINAL, SEGÚN GONZALO DE BERCEO

Cuenta Berceo, que antes del último día
vendrá un fiero temporal que pondrá el mundo
en jaque y en presura mortal.
Mas para desentrañar esos signos atroces
habrá primero que descifrar la lengua original
que han olvidado los hombres.
Halló este hombre bueno que el mar bajará
a su abismo y que más alto que las sierras se alzará
sobre sí mismo, y que en seco lloverán delfines.
Plagas de insectos asolarán las tierras,
prodigios y portentos verán los descuidados,
temblores de tierra derribaran toda torre.

Old as the moon she returned to the ocean.
On the dark beach no one heard the music
of the moonless glowings she left in the sand.

THE BLIND HARPER

In the desert of two in the afternoon,
when people feed on their anxiety,
a boy approached the blind harper.
    The rhapsodist, who went from town
to town, sat on a bench playing on a harp, corridos
from another time, with his black hands.
    The heavier the heat, the stronger the strum.
When the bus arrived, he kept silent.
He searched in his pocket for coins, but found only breadcrumbs.
    The boy gave him five pesos for the fare.
And the blind harper went: Lone passenger
on the last run of the afternoon.

SIGNS OF THE LAST JUDGMENT,
ACCORDING TO GONZALO DE BERCEO

Berceo tells how before the last day
a fierce storm shall come forth and place the world
under threat and a mortal duress.
But to read the entrails of these abominable signs,
first the original language that men have forgotten
will have to be deciphered.
This good man discovered that the sea will sink
into its own abyss and loftier than the hills rise up
over itself, and forthwith, dolphins shall rain down.
Plagues of insects will ravage the lands,
the unwary shall behold portents and prodigies,
earth tremors will topple every tower.

Cenizas caerán de los mil soles muertos,
fenómenos astrales juntarán pasado con futuro
y sucederán cambios extremos de calor y de frío.
Ráfagas de viento arrastrarán vegetales y animales,
aguas inficionadas descuajarán árboles y cerros,
y serán una sola la muerte corporal y espiritual.
Los fantasmas de concreto se vendrán abajo,
de entre las fosas mal tapiadas y los techos
colapsados saldrán fieros los enterrados.
Alimañas feroces saldrán de las cuevas,
de árboles y hierbas manará savia negra
y el buitre pintado ligero caerá en tierra.
Los hombres codiciosos, soberbiosos, falsos
menestrales, amagados por el diluvio de la extinción,
andarán por la tierra huérfanos de Dios.
Perseguidos por sierpes interiores y hoyos negros
personales, por la boca les entrará el oro amonedado
y por el ano y el corazón el aguijón del escorpión.

Hombres y mujeres cerrarán los ojos
para no ver el arca de la riqueza biótica saqueada
y los anillos del Árbol del Tiempo aniquilados.
Cambiemos la materia, en otro son cantemos,
el ángel pregonero parado en el sol sonará
la trompeta y arreará las figuras hacia su nada.
Jinetes espectrales y animales rastreros
temiendo la justicia correrán por los caminos
proyectando largas sombras pálidas.
Las puertas verdes de la lluvia, que no tienen
paredes ni sombras, pero tienen alas,
serán atravesadas por los espíritus del aire.

Ashes will fall from the thousand dead suns,
astral phenomena will join past and future as one
and extreme changes to heat and cold will occur.
Gusts of wind shall sweep away plants and animals,
fouled waters will churn up the trees and the hills,
and death spiritual and corporeal shall be as one.
The concrete phantoms will be brought low;
out from among the shoddily mortared graves and
collapsed roofs will come the savage dead and buried.
Out of caves will come ferocious vermin,
black sap will flow from the trees and grass,
and the king vulture will fall weightlessly to earth.
Greedy, vainglorious men, bogus artificers,
menaced by the deluge of extinction,
will walk the earth, forsaken by God,
pursued by personal black holes and innermost serpents,
minted gold will enter them through the mouth,
and through the anus and the heart, the scorpion's sting.

Men and women will shut their eyes
so as not to see the ark of biotic riches pillaged
and the rings of the Tree of Time obliterated.
We may alter matter, sing to a different tune,
the herald angel standing in the sun will sound its horn
and drive these people on toward their nothingness.
Animals crawling on their bellies and spectral riders,
dreading justice, will flee down the roads
casting long pale shadows.
The green doorways of the rain, which have
neither walls nor shadows, but wings,
shall be traversed by the spirits of the air.

POETA A LA ANTIGUA

Entre seres invisibles al ojo,
la mente aletea en la oscuridad
como una mariposa encerrada en un sueño.

    El poeta hambriento de sí mismo, gravedad sin centro,
Orfeo sin sombra, inquilino del barro,
sueño de nadie bajo un cielo vacío,

    fascinado por su propia nada,
sube y baja la escalera de sí mismo,
en nombre de un dios inexistente.

    Mas, poniendo en palabras un hirsuto pensamiento
soy más feliz que mi vecino de calavera ufana,
dijo un poeta difunto.

EPITAFIO PARA UN POETA ADOLESCENTE

Buscando en la noche la poesía de las piedras
como un caballo desbocado pateaba las banquetas.

Futbolista llanero metía goles en la portería del aire,
que descontaba un árbitro invisible.

En las fiestas de la soledad abrazaba a la diosa venal
que dejaba cicatrices en la piel y en el ego.

Abatido, por las calles de la ciudad sin noche
se perdía en el laberinto de los espejos.

Hasta que, jugando ajedrez contra sí mismo,
la muerte, campeona del tablero, le ganó la partida.

POET OF THE OLD SCHOOL

Among beings invisible to the eye
the mind flutters in the darkness
like a butterfly shut inside a dream.
     The poet, hungry for himself—gravity with no center,
Orpheus with no shadow, tenant of mud,
nobody's dream under an empty sky,
     fascinated by his own nothingness,
he climbs up and down the ladder of himself
in the name of a non-existent god.
     But, putting an unruly thought into words,
I am happier than my neighbor is of his smug skull,
said the defunct poet.

EPITAPH FOR AN ADOLESCENT POET

Searching through the night to draw poetry out of a stone
like a runaway horse he kicked the sidewalk.

A footballer in a field, between goal posts of air he scored goals,
disallowed by an unseen referee.

In fiestas of loneliness he embraced a venal goddess
who left scars on his skin and ego;

forlorn, he got lost in the maze of mirrors
down the streets in a city that knows no night.

Until, playing chess against himself, Death—
champion of the checkered board—took him in the game.

MI HERMANO JUAN, FANTASMA

Veinte años después de muerto
me crucé con él en una calle de Morelia.
Con traje de difunto iba al café
que frecuentaba en vida.
Sentado a una mesa
pasó horas sin manecillas.
Entre humaredas de palabras, él y su doble
mataban políticos que resucitaban en otros puestos.
La corrupción en México era más inmortal que el taco
y los corruptos sólo cambiaban de cara.
Al caer la noche, fumando un cigarrillo
volvió a casa, donde lo esperaban hijos hambrientos
en cuartos con relojes, monedas antiguas y retratos
de desconocidos que miraban desde paredes ciegas.
Delante de la puerta, de pronto recordó que había olvidado
un libro de Gogol sobre la mesa del café.
Pero las páginas no tenían palabras. Sus amigos no estaban.
Y como una sombra echó a andar por las calles desiertas.
Ya no había nada para él. No tenía cuerpo. Ni casa.
Parado o sentado era transparente.
El vacío se le había vuelto un hábito.
Los paisajes de ayer, abismos interiores.
Todo en torno, tiendas de antigüedades,
iglesias y restaurantes eran impalpables.
Atravesó puertas, paredes y personas
sin percibir su materialidad, como si nada.
No recordaba cuándo había muerto.
Hacía diez, veinte años, un siglo.
Daba lo mismo. El café estaba cerrado.
Su vida era una lápida de olvidos.

THE GHOST OF MY BROTHER JUAN

Twenty years after he died
I came across him on a street in Morelia.
In his dead-man's suit, he was going to the café
he frequented in life.
Seated at a table, he spent hours
with no hands on the clock.
Between smoky clouds of words, he and his double
killed off politicians who were resurrected in other positions.
Corruption in Mexico is more immortal than the taco
and only the faces of the corrupt change.
At nightfall, smoking a cigarette
he came back home, where hungry children awaited him
in rooms with watches, old coins, and portraits
of strangers, who watched from the blind walls.
Suddenly, in front of the door, he recalled he forgot
a book by Gogol on the café table.
But the pages had no words. His friends weren't there.
And sad as a shadow he set off walking the deserted streets.
There was nothing in them for him. He had no body. No home.
Standing or sitting he was transparent.
Emptiness had turned into a habit for him,
yesterday's landscapes into interior abysses.
All around were untouchable antiques
shops, churches, restaurants.
He passed through doors, walls, through persons
without perceiving their materiality.
He didn't remember when he had died.
Ten, twenty years, a century ago.
It was all the same. The café was closed.
His life was a tombstone of forgettings.

PIRÁMIDE DE LA LUNA, INSTRUCCIONES
PARA EL DESCENSO

La escalera no reconoce a sus usuarios,
mucho menos a los que bajan de espaldas.
La mucha gente ha gastado sus peldaños,
y el que cae al suelo cae en el Inframundo.
Los peldaños no tienen memoria de pie,
y el pie no reconoce sus huellas ni sus tumbas.
Da igual si fueron hechos para los dioses,
los hombres o los sacrificados, cuyos corazones
rodaban hacia el sol, mientras sus cuerpos
caían en las sartenes de los sacerdotes cocineros.
Ascender o descender, he ahí el dilema:
después de todo, un resbalón existencial
podría llevarnos al paraíso de Tláloc,
con su jardín acuático de niños ahogados.
El destino último de los usuarios es fantasmal,
y la Luna con su ojo blanco es un altar de sacrificios.
Esto lo saben los guías, los párrocos y los decapitados.
A cada paso hay que afianzar un pie en la nada,
y el otro en el vacío, pues hay riesgo de vértigo
y de precipitarse en el abismo del Sol,
o en uno mismo, o en el Laberinto Primitivo.

PYRAMID OF THE MOON, INSTRUCTIONS FOR COMING DOWN

The stairs don't recognize their users,
even less those who come down backwards.
The crowds have worn down these steps
and anyone falling down falls into the Underworld.
The steps have no memory of a foot, and a foot
recognizes neither the prints nor the deaths left behind it.
It would be all the same if they were laid down for the gods,
or man, or the sacrificed, whose hearts
rolled toward the sun while their bodies
dropped into the frying pans of the priest cooks.
Going up or coming down, herein lies the dilemma:
after all is said and done, an existential slip
could carry us off to the Paradise of Tlaloc
and its water gardens with drowned children.
The final fate for the users is ghastly,
and the Moon with her white eye is an altar for sacrifices.
The guides, the decapitated and priests of this parish know this.
Each step assures one foot in the nothing
and the other in the void, for there is a risk
of vertigo and of plunging into the abysm of the Sun,
or into one's own self, or into the Primeval Labyrinth.

DESCREACIÓN

La ira es una locura breve
—Horacio

La Amazonia se volvió la hoguera más grande del mundo.
Los Alpes y los Andes se hicieron simas invertidas.
Los mares se evaporaron y los ojos que miraban los mares también.
El ave que cantaba las cuatrocientas voces del azul
se esfumó en el árbol de la vida en llamas.
Los ojos humanos fueron las fosas más profundas de todas las criaturas.
De repente fue noche en la Tierra.
Un silencio ardiente envolvió todo.
El más huérfano de los seres fue el hijo del hombre.
La cara del bebé fue vieja como la Luna.
Eones se borraron en instantes.
En alguna parte en algún momento
el Godzilla demente y el Batman enloquecido
se agarraron a pelotazos nucleares.
Todo fue breve.
 El Apocalipsis será obra del hombre, y no de Dios.

LA CREACIÓN DEL MUNDO POR LOS ANIMALES

(según el Popol Vuh)

el cielo estaba vacío y sin movimiento
y la guacamaya escarlata fue un rayo de colores
en la oscuridad uniforme
y las oropéndolas de ojos de azul turquesa
comenzaron a tocar en la mañana
el solo de la luz

Self-Portrait in the Zone of Silence

DISCREATION

> *Anger is a brief madness*
> —Horace

Amazonia turned into the biggest bonfire in the world.
The Alps and the Andes were converted into chasms.
The seas and the eyes that looked upon them evaporated.
On the tree of life, the bird that sang the four hundred
voices of blue faded into the flames.
Of all creatures, human eyes had the deepest pits.
Suddenly, it was night on earth.
A searing silence came over all.
The most orphaned of beings was the son of man.
Old as the moon was the baby's face.
Eons dissolved into instants.
Somewhere, at some moment
a deranged Godzilla and a maddened Batman
pitched nuclear strikes at one another.
All of it was brief.
The Apocalypse shall be the work of man, not of God.

THE CREATION OF THE WORLD BY THE ANIMALS

(according to the Popol Vuh)

Across an empty darkness,
across unmoving sky,
flashed scarlet macaw—
so day broke; and yellow orioles
with turquoise eyes
began dancing a solo of light

en la ceiba prodigiosa, madre de pájaros,
apareció el esquelético mono araña,
con sus genitales colgando, junto al mono danzante,
escribiendo en el espejo del alba mensajes
sobre el tiempo por venir, y el búho lunar,
emperchado en el brazo de la muerte

a la orilla de un río acechó el caimán,
con bandas celestes sobre el lomo,
corrió el jaguar de dientes encarnizados
tras el venado en fuga, el águila de alas
traslúcidas en vuelo vislumbró el horizonte
y todo fue un sueño de plumajes verdes y amarillos

entonces el cuerpo del hombre
y el cuerpo de la mujer fueron
formados de barro y agua y de madera,
hijos del bosque, del sol y la montaña,
tuvieron ojos para mirarse a sí mismos
y voz para nombrar a los animales

El Corazón del Cielo el Corazón de la Tierra
y el Corazón del Mar fueron una misma cosa
y todas las criaturas de la tierra del agua
y del aire pudieron llevar una sombra
respirar, ser y amar.
Y la creación se hace cada día.

EL AJEDRECISTA EN SUEÑOS

Se había declarado vencido en todos los juegos jugados y por jugar,
los que había contendido despierto y dormido
contra los campeones y contra su propia sombra,
en un estado prenatal, laboral y larval.

Pintadas las paredes de su cuarto color marfil,
el sueño de la vida parecía tallado con este material,

and within a mighty ceiba tree,
the "mother of birds," appeared
a skinny spider monkey
his privates dangling—and howler monkey,
scriving prophesies on the mirror of dawn,
and a lunar owl, perched on death's arm.

Caiman lurked on a river bank,
his back marked with celestial stripes,
and sharp-fanged jaguar
pursued the fleeing deer; and eagle,
aloft on clear wings, spied the horizon—
and all was a feathered dream: yellow and green.

Then figured from water, clay, and wood,
came woman and man:
offspring of the sun,
children of forest and mountain,
with their eyes they could behold themselves,
their voices named the animals.

Heart of the Sky, Heart of the Sea
Heart of the Earth beat as one,
and all the winged creatures, creatures
of the waters and the land
could be, breathe, love, and cast shade.
And life is re-created every day.

THE CHESS PLAYER IN DREAMS

He had declared himself beaten in all games played and yet to play,
in those he had contested asleep or awake
with champions and with his own shadow
in a prenatal, working, and larval state.

The walls of his room were painted ivory,
life's dream appeared to be shaped with this material

y el cuerpo de la mujer y de la muerte eran escaques
blancos y negros de huesos marfilinos.

Lo aturdía el mariposeo de los mirones
que venían a observar su desgracia lúdica,
porque le daban jaque mate en sueños
y aún antes de mover el peón cuatro Rey.

En las aperturas y las variantes jugadas con piezas rotas,
cojas y derrumbadas, visibles e invisibles,
que seguían moviéndose en las sombras,
él, perdedor consuetudinario, perdía todos los juegos.

Movimientos ciegos conducían a sus derrotas.
El mundo era un inmenso tablero de ajedrez
donde el hombre perdía la partida antes de comenzar el juego.
y apasionado se extraviaba en el laberinto del amor y el análisis.

Con un rey decapitado en la mano,
semejante al fantasma de una pulga de Blake,
el ajedrecista movía a solas piezas en la noche,
hasta que cayó en la ficción de su propia muerte
                    en la caja de madera.

AUTORRETRATO EN LA ZONA DEL SILENCIO

En la pared de la habitación había un espejo
que reflejaba una hilarante calavera que se reía de sí misma.
Tejidas las mandíbulas con hilazas de muerte.

Detrás de esa calavera había otra y otra.
Nada rompía la secuela de la risa muda apoyada en la noche,
excepto un rayo de luna.

Yo, tras el sueño, tenía una palidez extrema, aunque me pintaba
con el pigmento rojo relacionado con la sangre y el fuego,
y con el escudo de Tezcatlipoca, el dios del espejo humeante.

and the body of the woman and of death, black
and white squares of ivorine bone.

The fluttering of onlookers, who came
to observe his disgrace play out, unnerved
him, for they checkmated him in dreams,
even before moving the pawn to king four.

In the openings and variations played with chipped pieces,
hobbled and toppled, the visible and invisible,
which kept on moving in the shadows,
he, habitual loser, lost every game.

Blind moves led to his defeats.
The world was an immense chess board
where man lost the contest before the game began
and, impassioned, strayed in the maze of love and the analysis.

With a headless king in hand,
akin to Blake's specter of the flea,
the chess player alone in the night moved pieces
until he fell into a fiction of his own death
                              in the wooden box.

SELF-PORTRAIT IN THE ZONE OF SILENCE

On the wall of the room there was a mirror
reflecting back a comical skull that was laughing at itself.
Jawbones knit together by the threads of death.

Behind that skull there was yet another and another.
Nothing broke the impact of the voiceless laugh suspended in the night
except one ray of moonlight.

I, in the after dream, was exceedingly pale, despite being painted
with the red pigment related to blood and fire
and with the insignia of Tezcatlipoca, god of the smoking mirror.

Aquí lejos y allá cerca, el mediodía comenzaba a hervir,
y entre las fauces y las garras poderosas del felino amarillo
se quebraban los huesos de una cierva pequeña.

Un espejo negro reflejaba la soledad de mi persona.
Una verde negrura envolvía la silueta del dios de la dualidad,
con medio rostro descarnado y un ojo por el que pasaba un tren vacío.

La casa entre las dunas tenía una puerta que daba al infinito.
En un nopal, corazones como tunas se secaban
bajo un sol abrasador que no se ponía nunca.

De cara a las estrellas la hoja de una ventana se abría y se cerraba.
En el crepúsculo monos escribas danzaban
y devoraban caritas sonrientes y flores negras.

Mi perro Rufus corría bajo la luna perseguido por su sombra.
Entre dunas y ríos efímeros buscaba su resurrección.
Nadie lo había visto desde el día de su muerte.

Yo tendría cuarenta años cuando esto ocurrió en el desierto.
Los vientos del alma no tenían hora, y por la oscuridad corrían
a cien kilómetros a la velocidad del olvido.

Mis labios ardían y como el tequila el deseo me provocaba
violencia y lujuria sin razón. Así pues, cara a cara conmigo
tracé laberintos, ansiedades, arrugas, ojos y oídos,

mandíbulas, pestañas. Insectos interiores y exteriores
habían entrado por el parabrisas sin vidrios de mi cuerpo,
y en el vértigo de mí mismo estaba a solas con mi mente.

Entre sombrillas de un sólo bastón y batientes movidos por
        el azar,
imágenes desaforadas golpearon mi corazón. Y desde el suelo remoto,
un perro con máscara humana me miró como si fuera su alter ego.

Noonday, there close-by and here-afar, began to boil,
and between the powerful jaws and claws of the yellow cat
the bones of a small doe were being crushed.

A black mirror reflected my solitary person.
A murky green enfolded the god of duality's silhouette,
half his face, fleshless, and an eye through which an empty train was
        passing.

The house among the dunes had a door that opened onto the infinite.
On a nopal, hearts were drying like the prickly pears on the cactus
beneath a searing sun that never set.

Facing starwards a windowpane was opening and closing.
In the dusk monkey scribes were dancing
and devouring black flowers and little smiling faces.

Chased by his own shadow, my dog Rufus was running under the moon.
Between dunes and evanescent rivers he searched for his resurrection.
Since the day of his death nobody had caught sight of him.

I was forty when this took place in the desert.
The winds of the soul told no hour and at the speed of forgetting
they ran through the darkness at one hundred kilometers per hour.

My lips burned and like tequila desire provoked violence
and lust in me for no reason. So, face to face with myself
I traced my way through labyrinths, anxieties, wrinkles, eyes and ears,

jawbones, eyelashes. Insects within and without
had entered through the glass-free windshield of my body,
and in the vertigo of my-self I was alone with my mind.

Among sunshades on a single pole and windshield wipers moved by
        pure chance,
outlandish images beat at my heart. And from the far-off ground,
a dog with a human face watched me as if I were its alter ego.

Al pie de la pirámide doble de la vida y la muerte,
el dios Quetzalcóatl ofrecía a sus seguidores
flores y mariposas en lugar de carne humana.

Y entre tanto esplendor, sólo la tristeza fue mía.

MITOLÓGICA

Ella salía de una fiesta de disfraces
del último piso del edificio Chihuahua.
Se había vestido de lechuza
con alas y yelmo de Palas Atenea.

En unos días comenzarían los Juegos Olímpicos.
La plaza de Tlatelolco estaba llena de estudiantes
gritando al unísono proclamas de repudio
contra el presidente Gustavo Calavera.

Una luz de bengala iluminó la noche.
El batallón Olimpia desde las azoteas
acribillaba a jóvenes, niños y curiosos.
Soldados armados bloqueaban las salidas.

Entre ayes los cuerpos caían por doquiera.
Perforado el pecho y el cráneo partido.
Y en el hocico perros negros se llevaban
a los difuntos hacia el Mictlán, el Hades mexicano.

Ella caía con las piernas destrozadas,
cuando un caballo con alas se paró a su lado.
Era Pegaso. "A Atenas", dijo,
y montada a pelo se perdió en la noche.

At the foot of life and death's double pyramid,
the god Quetzalcoatl offered flowers and butterflies
to his followers in place of human flesh.

And amid such splendor, only the sadness was mine.

MYTHOLOGICAL

Out of a masquerade party she came
on the last floor of the Chihuahua Building.
She had dressed up as an owl
with wings and Pallas Athena's helmet.

In a few days, the Olympic Games would begin.
Tlatelolco square was filled with students
all in one voice shouting proclamations
repudiating President Gustavo Calavera.

A flare lit up the night.
From the rooftops the Olympia battalion
riddled teenagers, children, and the curious with bullets.
Armed soldiers blockaded the ways out.

Amid moans bodies fell everywhere.
Chest shot through, skull split open.
And in the maw of black dogs the fallen
were carried off to Mexican Hades, Mictlan.

She was falling, legs shot to pieces,
when a winged horse came to a stop at her side.
Pegasus it was. "On to Athens," she said
and riding away bareback she was lost in the night.

AUTORRETRATO A LOS OCHENTA AÑOS

Nunca pensé pasar mis ochenta años
en el año de la plaga y de la plebe gobernante.
Pero aquí estoy recluido en mi casa
de la ciudad de México, acompañado por Betty,
mi esposa de toda la vida,
y por tres gatos ferales que llegaron de la calle;
ah, y por una imagen de la Virgen del Apocalipsis
alumbrada día y noche en la pared de la escalera.

Chloe y Eva, mis hijas, gemelas astrales,
se han convertido en madres espirituales,
y Josefina, mi nieta única, se ha vuelto una abuela lúdica.
Están en Londres y Brooklyn, separadas de nosotros,
detrás de ventanas viendo y oyendo
pasar las ambulancias de la muerte.

Hay paraísos que no tienen país
y mis soles son soles interiores,
y el amor, más que el sueño,
es una segunda vida,
y lo viviré hasta el último momento
en la estupenda cotidianeidad del misterio.

Rodeado de luz y de gorjeo de pájaros,
vivo en un estado de poesía,
porque para mí, ser y poetizar es lo mismo.
Por eso quisiera, en estos días finales,
como Tiziano, representar una vez más el cuerpo humano.
Polvo seré mas polvo enamorado.

SELF-PORTRAIT AT AGE EIGHTY

I never thought I'd spend my eightieth
in a year of plague and populists.
But here I am, confined to my house
in Mexico City, accompanied by Betty,
my wife—all life long,
and by three feral cats that came in off the street;
and oh, by the Virgin of the Apocalypse's image
lit day and night on the stairway wall.

Astral twins, my daughters Chloe and Eva
have turned into my spiritual mothers,
and Josephine, my only grandchild, into a playful grandma.
They are in London and Brooklyn, separated from us,
behind windows, seeing and hearing
the ambulances of death pass by.

Paradises there are that have no country
and my suns are interior suns,
and love—more so than dream—
is a second life,
and I will live it to the last moment
in the tremendous everydayness of the mystery.

Surrounded by light and the warbling of birds,
I live in a state of poetry,
because for me, being and making poetry are the same.
For that I would want, in these final days,
like Titian, to depict the human body one more time.
Dust I shall be, but dust in love.